Dios muere
de amor por ti

Dios muere de amor por ti

Rocío Gaxiola-Shaheen

Número de Control de la Biblioteca del Congreso de EE. UU.:		2014918312
ISBN:	Tapa Dura	978-1-4633-9400-4
	Tapa Blanda	978-1-4633-9402-8
	Libro Electrónico	978-1-4633-9401-1

Este libro fue impreso en los Estados Unidos de América.

Fecha de revisión: 29/10/2014

Para realizar pedidos de este libro, contacte con:
Palibrio
1663 Liberty Drive
Suite 200
Bloomington, IN 47403
Gratis desde EE. UU. al 877.407.5847
Gratis desde México al 01.800.288.2243
Gratis desde España al 900.866.949
Desde otro país al +1.812.671.9757
Fax: 01.812.355.1576
ventas@palibrio.com
695764

ÍNDICE

Vivir una vida intencional significa tener la intención de vivir descaradamente, liberados de los miedos y con todas las libertades que el Universo nos ofrece, al igual que hay borrachos descarados, debería de haber felices descarados, personas despiadadamente contentas; Del mismo modo que existen las muertes pre-meditadas, deberían existir las vidas pre-meditadas, de la misma manera que existen las personas con depresión compulsiva, deberían existir las personas con felicidad compulsiva.

Las personas solemos creer que la vida es un periodo de pruebas y sufrimientos por lo tanto tenemos tendencia a la depresión. Pero, ¿Por qué no aprender a ver la vida como un periodo de increíbles oportunidades para conocer la experiencia del amor y aprender a superar el miedo, el dolor y los sentimientos de rencor y empezar a creernos capaces de padecer una terrible tendencia a la felicidad desmedida?

Rocío Gaxiola-Shaheen.

Al Ser Superior,
El auténtico autor intelectual de esta obra.
A mi hijo José,
Una bendición y un fiel colaborador en mi rescate.
A mi esposo Zafar Yab Shaheen,
Por compartirme su luz en el camino hacia el Origen.

AGRADECIMIENTOS

Gracias al Universo, que es Dios y a la vida, que es eterna.

Gracias a mi esposo, Zafar Yab Shaheen, por creer ciegamente en mí.

Gracias a mi hijo José, por el tiempo sacrificado para la realización de este libro.

Gracias a las personas que contribuyeron con su abandono o su compañía, su incomprensión o su compasión, con sus buenos consejos o su ceguera espiritual para que yo pudiera ser libre.

Gracias a todas y cada una de las personas que contribuyeron en cualquiera y hasta el más pequeño de los aspectos para que este libro llegara a tus manos.

Gracias a ti que lees este libro hasta el final por haber comenzado la búsqueda de tu propia verdad.

PRELUDIO DEL AUTOR

A veces la vida nos lleva por caminos que al principio nos pueden parecer inexplicables e incluso muy injustos. Algunas veces es necesario perderlo todo, o casi todo, para darnos cuenta que en esta vida no hay nada injusto ni inexplicable, que todo tiene una razón de ser y que lo único que es indispensable y por ningún motivo nos podemos permitir perder es la fe absoluta en la existencia de ese Ser Superior que pone orden al universo entero y en nuestra capacidad de salir adelante por muy difícil que se vea el camino; Y cuando nos quedamos a solas y con las manos vacías, de pronto nos damos cuenta que abajo ya no hay nada y que lo único que nos queda es comenzar a subir, y subir no es tarea fácil cuando nos sentimos derrotados, el camino es cuesta arriba y generalmente está empedrado.

Después de mucho tiempo de angustia, de soledad, de vacío y de pobreza material y espiritual me di cuenta que en realidad yo no había caído, sino muy al contrario... estaba empezando a flotar, comencé a sospechar que debía poner en cuestión todo lo que me habían enseñado desde muy pequeña a lo largo de mi vida y pude darme cuenta que no había perdido nada, sino que era entonces cuando empezaba a ganar, que las cosas materiales realmente no tenían el valor que yo les había asignado hasta entonces, porque a pesar de ya no tenerlas seguía con vida; Que la amistad es temporal porque los amigos van y vienen, aparecen de pronto para darnos consuelo o simple compañía y desaparecen sin razón aparente cuando han cumplido su misión en nuestras vidas, que todas y cada una de las personas en el círculo familiar están demasiado ocupados y con un montón de asuntos, entre ellos su propia vida por resolver, como para detenerse a resolver la mía. Me di cuenta, en esa soledad y en esas noches de silencio, que las estrellas seguían ahí brillando para mí y el sol regresaba cada mañana sin importar que yo hubiera dejado de rezar hacía ya mucho tiempo.

Poco a poco y sin darme cuenta mi mentalidad y mi espíritu fueron cambiando, no podía darme el lujo de preocuparme por la moda porque no había dinero para mantenerme al día con ella, las diversiones se acabaron porque la lucha diaria me dejaba exhausta y la depresión estaba siempre ahí, esperando que yo me detuviera a mirar hacia atrás; Sin embargo y sin percibirlo, esas experiencias de dolor hicieron madurar mi alma, comprendí que había fundamentos de mis creencias contrarios a lo que mi espíritu me dictaba, fue entonces que me di cuenta que no sólo estaba viviendo una vida vacía sino que lo hacía dentro de una religión que, contrario a fortalecerme, acrecentaba mis miedos y mis debilidades, comencé a tener mucha dificultad para encontrar a Dios dentro de las creencias religiosas que hasta entonces, de una u otra manera, habían regido mi vida y mis decisiones, había cosas que no encajaban, había mucha contradicción entre el Dios que yo ahora estaba descubriendo con el que se me había mostrado en toda una vida de práctica dentro de una institución religiosa y había algo dentro de mí que necesitaba expresarse, manifestarse, experimentarse; Ese algo era mi alma, un alma queriendo salir del infierno al que había sido sometida por tantas reglas, por tantas condiciones, por tanto miedo, y no me molestaban las reglas ni las condiciones tanto como mis miedos porque eran ellos precisamente los que no me permitían liberarme ni de las reglas ni de las condiciones.

Esa inquietud fue creciendo cada día y cuando la depresión se cansó de esperar mis lágrimas lo que quedó fue una sensación de paz sin ataduras a lo material y a lo superfluo y fue entonces cuando esa voz interior se fue fortaleciendo sin dejar nunca su tono suave y tranquilizador, comprendí entonces que no había razón para mis tristezas, me reconcilié con el dolor y lo dejé en libertad de irse de mi lado, me hice amiga de mi soledad y del silencio, sin embargo, fue entonces que descubrí que ni estaba sola ni existía el silencio, esa voz interior se hacía cada vez más fuerte e insistente:

 -*"Dios no se aprende, se vive. ¡Vívelo! Atrévete a experimentarlo. Atrévete a cambiar de opinión"*

El hambre no era tanta ni fumaba ningún alucinógeno, así que descarté la posibilidad de esquizofrenia, mientras tanto y sin darme cuenta... seguía flotando. Fue hasta que decidí dejar a esa voz hablarme cuando las cosas comenzaron a volver a la "normalidad", mi baño y mi espejo dejaron de ser los de una biblioteca pública, mi cocina dejó de ser un restaurante de comida rápida y mi sala el parque público más cercano; Poco a poco conocí nuevas personas, conseguí mejores empleos, tuve una cama donde dormir... pero esa voz jamás volvió a guardar silencio.

Ahora me veo en la necesidad de escribir este libro porque la realidad que yo encontré en esa etapa de "carencias" ya no me permite quedarme callada, porque fue precisamente a través de esas carencias que supe lo que realmente necesitaba en mi vida y las cosas que me obstaculizaban para lograrlo; Este libro ha sido escrito sin ningún afán de protagonismo mucho menos de antagonismo, pues no pretendo con esto que abandones tu religión ya que cada quien tiene diferentes necesidades y todas ellas muy dignas de respeto, pero si me gustaría que lo leyeras con una mente y sobre todo con un corazón abierto, que no cierres tus ojos ni tus oídos a aquello que no por el hecho de diferir a tus creencias o a tu manera de pensar deja de estar ahí. Concédete el derecho a perder el miedo de pensar de manera distinta, a experimentar por ti mismo y a cambiar de opinión si así lo decides. He intentado evitar en lo posible las referencias exactas y las citas bíblicas de los ejemplos que he utilizado, salvo algunas excepciones por motivos verdaderamente de necesidad; Sería muy fácil mandarte a leer cierto documento, cierta página de internet o determinado capítulo de la Biblia, del Corán, de la Torá o de cualquier otro libro considerado "sagrado". La intención de este libro es crear en ti esa inquietud de duda y de búsqueda de la verdad, lee todo, busca en todo, y toma de todo eso lo que a ti te sirve, lo que te ayude a encontrar tu propia verdad, aquello que tu espíritu interior te dicte. No considero las cuestiones por mí planteadas en este libro como una verdad absoluta, es más bien una simple opinión personal, mi punto de vista, me atrevería a considerarlo "un resumen de mi propio aprendizaje" sin embargo creo y defiendo firmemente todo lo que aquí expongo, eres tú quien decide aceptarlo, rechazarlo o por lo menos ponerlo en duda. Tampoco pretendo que mi libro sea tomado como un ataque a la religión, sobre todo a la Católica que es la que he llegado a conocer más a profundidad tanto en mi experiencia personal como en mis hermanos en amor, sino manifestar una realidad que, después de estar muchos años de mi vida buscando a

Dios dentro de una religión y aunque por mucho tiempo pensé que ellos habían utilizado hasta los medios más viles para echarme, pronto comprendí que fue Él quien me encontró y me sacó de ahí pero igual hubiera ocurrido si yo hubiera pertenecido a cualquier otra afiliación religiosa puesto que el Señor nos quiere libres, sin ataduras del mundo, en una relación directa y personal con Él.

Rocío Gaxiola-Shaheen

PRIMERA PARTE

NUESTRA IDEA DE DIOS

Esperar que Dios se manifieste
con toda su Gloria abriendo los cielos,
rodeado de ángeles y toques de trompetas,
te impide verlo a cada segundo
en todo lo que existe.
Rocío Gaxiola-Shaheen.

I.
¿CUAL ES TU IDEA DE DIOS?

Quizá nos sea la mejor manera de comenzar un libro, sobre todo si en estos momentos estás atravesando por una situación difícil en tu vida, porque regularmente cuando esto sucede el primero que se queda desempleado y sin asiento en nuestra oficina es Dios. Entonces, ¿Por qué comenzar un libro con tan escandalosa pregunta?

Sencillamente porque éste es un libro que intenta ayudarnos a entender cómo es que llegamos hasta aquí cargando este montón de miedos, preguntas sin respuestas y reglas establecidas, hacia dónde vamos y hacia dónde queremos ir, qué sentido tiene nuestro paso por la vida y para qué fin fuimos creados; Para eso es necesario reflexionar acerca de nuestra idea de Dios, porque es precisamente partiendo de esa idea como se determinan todas, absolutamente todas nuestras acciones, reacciones y resultados obtenidos en nuestra vida hasta el día de hoy.

Te invito antes que nada a que tengas una mente abierta, que dejes por un lado tus miedos y tus prejuicios religiosos, que por el tiempo que te lleve leer este libro te permitas dudar, creer, ignorar, escuchar, aceptar o rechazar cualquier cosa que aquí se plantea. Te garantizo que no te va a caer un rayo del cielo para partirte en dos si al final decides cambiar tu idea de Dios ni tampoco pasará nada si decides quedarte con lo que tienes y seguir viviendo la vida como hasta ahora lo has hecho pero por favor concédete el derecho y la libertad de salir del caparazón religioso en el que has vivido encerrado hasta el día de hoy, puede ser que te sorprendas.

Atrévete de una vez por todas a contestarte esas preguntas que siempre han estado ahí en tu subconsciente y que no te animas a responder por ti mismo y con tus propias palabras. ¿Cuál es tu idea de Dios? ¿Qué es lo que realmente piensas tú de Dios? ¿Qué tanto influye tu formación religiosa o tu religión en tu idea personal de Dios? ¿Cuál es tu idea del infierno? ¿Qué aspectos de tu vida cambiarían si el infierno no existiera y por qué? ¿Cómo están tus relaciones personales con tus amigos, familia, vecinos, compañeros de trabajo etc.? ¿Qué cosas o actitudes cambiarías si sólo te quedara un mes de vida? ¿Por qué no lo has hecho? ¿El Dios que te han enseñado, es exactamente de la manera que a ti te gustaría que fuera? ¿Qué es lo que cambiarías? ¿Eres capaz de defender tu idea de Dios ante quienes piensan diferente aunque ésta vaya en contra de la idea religiosa? ¿Cuál crees que sea la razón de las "cosas" malas que a veces nos suceden? ¿Qué aspectos debes cambiar en ti para cambiar los sucesos que afectan tu vida? Todas estas preguntas requieren de una respuesta personal que muy pocas veces nos detenemos a analizar en nuestras vidas, sería bueno que te detuvieras unos minutos y las analizaras una por una.

No fuimos instruidos para madurar en nuestra fe, mucho menos para crear nuestros propios criterios o ideas del mundo que nos rodea y de los sucesos que afectan a nuestro diario vivir y nuestra interacción con los demás. Hemos desarrollado una fe que funciona "en piloto automático", aceptando ideas, dogmas, restricciones, amenazas, etc. La mayoría de nosotros ignoramos que tenemos acceso a una línea directa con Dios y no sólo eso, sino que nos sentimos indignos de hacer uso de ella. El día que nos atrevamos a tener ideas propias y a comenzar una relación directa y personal con Dios nos daremos cuenta que en nuestra vida diaria hay muchas cosas que nos salen sobrando y algunas otras que incluso nos estorban. Atrévete a cuestionar todas y cada una de esas ideas preconcebidas, atrévete a perderle el miedo a Dios, atrévete a hablarle de tú a tú y muy pronto te darás cuenta que Dios no sólo te conoce y sabe tu nombre, tus preocupaciones y tus necesidades sino que ha puesto todo al alcance tuyo para que hagas uso de ello sin necesidad de un templo, una estampita, un sacrificio y mucho menos de todos esos rezos prediseñados. Busca tus propias respuestas, sé tú el juez de tus propios actos, aprende a estar a solas con Él, pon todos tus miedos en el bote de basura más próximo para que puedas disfrutar de lo único que Dios espera de nosotros: la felicidad desmedida.

El hombre, en su orgullo,
creó a Dios a su imagen
y semejanza.
Friedrich Nietzsche.

II.
¿QUIEN ES DIOS?

En nuestro paso por el mundo se nos habla siempre de la existencia de un Ser Superior, Dios, Yahveh, Jehová, Allah, El Universo, El Ser Superior, El Creador, diferentes nombres dependiendo de la corriente religiosa o filosófica de la que estemos hablando incluso idioma o del lugar geográfico donde nos encontremos viviendo. Sea cual sea el nombre que tú le des a ese Ser Superior, es el fundamento de nuestras vidas, no hay vida sin Dios, porque Dios es el aire, el agua, el alma, la vida, el principio y el fin.

Me permito hacer un paréntesis en este tema: Durante el tiempo que me llevó escribir este libro, tuve la oportunidad de hablar y convivir con personas de diferentes creencias y/o religiones y pude darme cuenta de que existe una confusión entre la manera "cómo llamamos a Dios" y "Dios mismo", la mayoría de estas personas principalmente los cristianos creen que la religión Islámica profesa un Dios llamado Allah (Alá) y que éste no tiene nada que ver con el Dios en el que nosotros creemos. Permíteme explicar un poquito este punto: Allah significa: *"Dios"* en el idioma de ellos igual que "God" significa Dios en inglés. Dios, Allah, God, Yahvé y Jehovah es el mismo Dios dependiendo del idioma y de la religión que profeses. Cierro paréntesis.

En sí, el nombre que le hayamos asignado a ese Ser Superior es lo que menos importa, en este caso podríamos llamarle Padre, Creador, Todopoderoso, Dios, o de cualquier otra manera con la que tú te sientas más cómodo al referirte o dirigirte a Él, lo que realmente importa en esto es quién es Dios para ti y cuál es tu idea personal de Dios. En la mayoría de las religiones se nos habla de un Dios todopoderoso que hizo el cielo y la tierra y todo lo que existe, conocido o aún sin descubrir, visible e invisible y al final creó al hombre a su imagen y semejanza y con libre albedrío, al cual le dio como regalo divino todo lo anteriormente creado para su buen uso y supervivencia; Se nos habla de un Dios de amor, sin embargo, las religiones están llenas de contradicciones que afectan todos y cada uno de los aspectos de nuestra idea de Dios, hemos creado un Dios a imagen y semejanza del hombre, podríamos decir que hemos creado un Dios descriptible y predecible, un Dios con nuestros rencores, nuestros resentimientos, nuestra ira, un Dios con nuestra necesidad de venganza, de juicios, un Dios lleno de prejuicios, de amenazas, un Dios que manda castigos y recompensas, un Dios que sólo espera el momento en que fallemos para mandarnos al fuego eterno. Hablemos de algunas de esas "contradicciones" analízalas y decide al final por propia convicción cuál es tu idea personal de Dios y nuestra misión en esta vida.

Ese Ser Superior que a diario pone en orden el Universo, es un Dios de bondad, es un creador, un observador de su creación, es el origen de la vida, es la vida misma, no tiene contradicciones, es perfecto, es la naturaleza, la ciencia, el infinito, el origen y el fin, el punto de partida y la meta final, no tiene una forma específica pues adopta todas las formas posibles, no premia ni castiga simplemente contempla su creación, está en la serenidad y en la tormenta, en la celebración y en el desconsuelo, en el ruido y en el silencio. Dios no se esconde, somos nosotros quienes a veces huimos de Él, no abandona, somos nosotros los que muchas veces pretendemos vivir la vida al margen de Dios; No nos niega nada, somos nosotros quienes nos negamos a creer que todo nos ha sido dado, no castiga, son los resultados de nuestras propias decisiones los que determinan las consecuencias de alegría o de dolor en nuestras vidas. Dios es el amor en su máxima expresión, no conoce de guerras ni de enemigos, no se equivoca, no se arrepiente, no maldice ni tiene "elegidos", es un Dios que espera pacientemente que algún día cada una de las almas encuentre su propio camino a través de la experiencia del amor, de la fe y de la confianza en Él, y no a través del temor ni de reglas establecidas por la sociedad, los gobiernos o las instituciones religiosas. Nadie en este mundo puede venir a decirte qué es lo que Dios quiere de ti o quien debe ser Dios para ti. Tú no necesitas que alguien venga y te enseñe lo que a Dios le agrada o le desagrada. Es a ti a quien le corresponde buscar tu propia respuesta interior, partiendo de la base que Dios es amor absoluto y está dentro de ti, es parte de ti, no es en los templos donde encontraremos respuestas, sino en nuestro interior, en el silencio en la tranquilidad, en la meditación.

Los rezos y sacrificios
ofrecidos a Dios
son alas de denso acero
que no te permiten volar.
Rocío Gaxiola-Shaheen.

III.
¿COMO ES TU RELACION CON DIOS?

Si tu idea de Dios está basada en lo que has leído o escuchado lo que otros han escrito o dicho acerca de Él es muy probable que no estés obteniendo de la vida lo que tú esperas y necesitas para declararte despiadadamente feliz, porque alguien que cree firmemente en un Poder Superior sin duda recibirá a cambio todos los medios necesarios para satisfacer todas sus necesidades tanto materiales como espirituales y poder llevar la vida digna de un hijo de Dios disfrutando de la felicidad perfecta y aquí todos somos hijos de Dios, por lo tanto, si la vida, de la manera que la estás viviendo no te llena, no te hace completamente feliz tal vez sea momento de comenzar a cuestionarnos por qué y empezar a planear una remodelación interna. Como hijo, y creación perfecta que eres de Dios no sólo tienes todo el derecho del mundo, sino la obligación y la capacidad de cambiar de rumbo y de rectificar tu decisiones.

Existen diferentes tipos de relaciones con Dios:

Una relación de sumisión, hay personas para las que Dios es como un capataz, siempre pendiente de lo que hacemos y que puede subirnos el sueldo con una recompensa o mandarnos al calabozo si no hacemos las cosas como "Él quiere" que las hagamos, no enfrentan las situaciones difíciles como una lección de aprendizaje o meras consecuencias de sus actos sino que ofrecen su sufrimiento a Dios como si Él se gozara con vernos sufrir, como si fuera a aminorar nuestras penas por compasión o por lastima. Dios no se goza en nuestro dolor, ni lo enaltecen tus sacrificios. Somos creación suya, hijos suyos, no sus esclavos. Dios vive dentro de ti y de mí y no puede sentir lastima de sí ni esclavizarse a sí mismo.

Una relación de temor, la mayoría de nosotros crecimos con la falsa creencia de que Dios está siempre ahí para ver y juzgar cada uno de nuestros actos y por lo tanto enviarnos el castigo merecido o la recompensa ganada y eso no es más que una idea distorsionada que hemos adquirido. Dios no se desgasta ni pasa una eternidad viendo como nos desenvolvemos en la vida que Él nos regaló para disfrutarla. Me atrevo a decirte que a Dios le importa un comino lo que cada uno de nosotros hacemos a diario incluyendo las decisiones que tomamos a lo largo de nuestras vidas.

Cuando Dios creó al hombre lo hizo con una sola finalidad, darle la oportunidad de experimentar todas y cada una de las situaciones que le toque vivir a lo largo de su camino de regreso hacia nuestro origen, que es El Amor, o lo que en religión se le conoce como "La Gloria". Dios sabe que al final, pase lo que pase, vamos a regresar a Él, así necesitemos una o cien mil vidas para lograrlo. Él no tiene necesidad de decirnos por dónde ir porque estaría limitando nuestras experiencias y nuestro aprendizaje, por lo tanto, no pienses que Dios está pendiente de ti para castigarte o premiarte por lo que hagas, ni tampoco para resolverte tus problemas. Es parte de nuestro recorrido el aprender a hacernos responsables por nuestras propias decisiones y asumir las consecuencias, Él simplemente te observa con amor hagas lo que hagas y sean cuales sean tus decisiones. Él es un observador de su obra, no un juez que sólo espera el momento para mandarnos el peor de los castigos y así gozar de nuestros sufrimientos. Dios no te manda un castigo por portarte mal ni te premia por portarte bien, las cosas "malas" llegan cuando no sabemos tomar decisiones más apropiadas, las cosas "malas" pueden ser consecuencias directas o un simple proceso de vida para prepararnos a recibir lo que viene después, las cosas "malas" pueden ser lecciones que necesitamos aprender, pero nunca, nunca, un castigo de Dios.

¿Y quién decide lo que es malo y lo que no? ¿De acuerdo a quién, algo puede ser bueno o malo, correcto o equivocado? Lo que es bueno para ti puede no serlo para otros y viceversa; Por lo tanto lo bueno y lo malo, lo correcto y lo equivocado son relativos pues depende de quién y desde qué punto lo vea. Como puedes ver, no hay cosas "malas", hay puntos de vista, opiniones y juicios diferentes, consecuencias, procesos y lecciones, simplemente hay que saber reconocer la diferencia cuando algo así nos sucede antes de responsabilizar a Dios por eso.

Muchas veces no hemos actuado de la manera más conveniente ante una situación de nuestras vidas o no hemos tomado la mejor decisión y eso nos trae consecuencias negativas, no castigos de Dios; Otras, mayormente cuando nos sentimos víctimas, son simplemente procesos en los que los sucesos nos obligan a desprendernos de algo o de alguien para llevarnos a una mejor calidad de vida aunque en ese momento no lo comprendamos, algunas otras, no son más que lecciones que debemos aprender para ser mejores seres humanos.

No podemos pasarnos la vida culpando a Dios de las cosas "malas" (a partir de aquí, las llamaremos experiencias de dolor) que nos suceden, debemos aprender a ser honestos con nosotros mismos y reconocer cuando no hemos estado tomando decisiones basadas en el amor, la piedad o el respeto hacia nosotros mismos y hacia los demás y aceptar sus consecuencias. Debemos aprender a creer en un Dios que nos ha provisto de todo lo necesario para vivir una vida plena. Cuando un niño nace, llega a este mundo sin conflictos, sin prejuicios, es a través de nuestra vida que vamos experimentando diferentes sucesos como el aprendizaje de las cosas básicas de supervivencia, el enamorarse, el desenamorarse, la religión, la cultura, las tradiciones, los valores familiares, la sexualidad, los estatus sociales, etc. Todas esas cosas que nos dan un sentido de pertenencia, aspectos que nos hacen sentir que "pertenecemos a", luego crecemos, maduramos y nos convertimos en adultos capaces y responsables de decidir de acuerdo a lo que mejor llene nuestras expectativas de vida y si estamos de acuerdo o no con todas y cada una de estas pautas que afectan directamente a nuestro diario vivir en nuestras relaciones, nuestro desempeño diario, nuestras reacciones ante cada una de las situaciones que la vida nos trae y a la manera de superarlas o ahogarnos en ellas. Sin embargo, la mayoría de nosotros optamos por aceptar sin ninguna objeción las pautas marcadas por quienes vinieron antes que nosotros y decidieron que así debían ser las cosas, muchas veces por ignorancia pero la mayoría de las veces por miedo a mostrarle al mundo que pensamos diferente y sobre todo a asumir las responsabilidades que esto trae consigo. Es mucho más fácil vivir una vida con un manual de comportamiento ya establecido como quien ingresa a una escuela y debe apegarse al reglamento para poder permanecer en ella.

Hay quienes dicen que incluso la mentira llega a tomarse como verdad si es repetida constantemente y a nosotros se nos repite tantas veces como deben ser las cosas, como debemos comportarnos, como debemos reaccionar, como debemos relacionarnos con lo demás, que terminamos por tomarlo como verdades absolutas, dejando así que la sociedad nos imponga sus pautas sociales, económicas, morales y religiosas a cambio del sacrificio de nuestra propia individualidad. ¿Te has preguntado alguna vez si esas creencias coinciden con lo que te dicta tu interior?

Existen también las personas que viven una relación *"sistemática"* de rezo y oración con Dios:

Yo rezo, por lo tanto soy bueno = *Dios me va a dar cosas buenas.*

Yo hago oración por lo tanto Dios me escucha = *el evitará que las experiencias de dolor afecten mi vida.*

Antes que nada analicemos La diferencia entre rezar y orar y esta es muy simple:

EL REZO no es más que un conjunto de palabras que otra persona escribió, previamente memorizadas dirigidas a Dios con el fin de reafirmar nuestras creencias, pedir perdón por las ofensas y/o el abastecimiento de nuestras necesidades más básicas, es lo mismo que grabar la frase "te quiero" y hacer que nuestra pareja la escuche todos los días para que no se le olvide, aunque en ese momento nuestro pensamiento esté en otra cosa. Si toda nuestra vida hemos vivido repitiendo tremenda cantidad de rezos prediseñados, automatizados creyendo que por el hecho de rezar mil magníficas a tu hijo se le va a quitar lo drogadicto, que si rezas diez novenas tu situación va a mejorar, que por el rezo diario del rosario tu alma va a alcanzar la salvación nos estamos perdiendo de vivir las maravillas y las oportunidades que la vida nos ofrece a diario.

Te voy contar un cuento:

Un día en la escuela el maestro les muestra un libro de poemas a los niños, ellos, que apenas estaban aprendiendo a leer, quedan fascinados con aquello. Uno de ellos vuelve a casa emocionado y lee uno de esos poemas a sus padres. Es un poema que habla de lo bonito que es vivir y disfrutar la vida, de lo bien que se siente la brisa en las mañanas, de la emoción de escalar montañas y de pasear en bicicleta, de respirar el aire puro del bosque y mirar la inmensidad del mar y de las estrellas en las noches. El poema habla también de lo feliz que hace sentir el tener una familia, unos hermanos y amigos con quien jugar y compartir cada día en medio de la paz del campo escuchando el cantar de los pájaros. Al terminar, los padres sonríen complacidos, pues les había dado mucho gusto que su hijo pequeño estuviera aprendiendo a apreciar la belleza del mundo que le rodea. El niño estaba tan fascinado con aquel poema que decidió comprarle el libro a su maestro y llevarlo a casa, pasaba horas leyendo esos poemas, imaginando como sería tal perfección de la belleza ahí descrita. Leía esos poemas para sus padres todos los días, a diario asistía a la escuela sólo esperando el momento de sacar el libro de los poemas y leerlos en grupo.

Viendo al niño tan emocionado hablar todos los días de la belleza de la naturaleza, sus padres decidieron llevarlo a conocer el mar y que pudiera apreciar por sí mismo su inmensidad, el niño estaba tan entusiasmado con el viaje que decidió llevar su libro de poemas para leerlo cuando estuvieran allá. Luego cuando el invierno llegó lo llevaron a las montañas para que pudiera ver los copos de nieve caer, sentir el viento helado en la cara, hacer figuras de nieve, caminar sobre el lago congelado... y el niño estaba tan emocionado que llevó su libro de poemas para leer un poema de invierno en la cima de la montaña. La primavera regresó y había tantos pájaros cantando, tantas flores de todos colores, había días muy lluviosos y otros con hermosos arcoíris y el niño entusiasmado se quedaba en su cuarto leyendo su libro de poemas acerca de la primavera y el canto de los pájaros. Sus padres que a diario escuchaban a su hijo recitando ya de memoria todos esos poemas, ya no reflejaban en sus caras una sonrisa de complacencia, más bien su rostro reflejaba tristeza. El niño fue creciendo y seguía recitando los poemas de su viejo libro, en el cual se hablaba tanto del mar y las montañas, cuando estaba triste recitaba sus poemas, cuando regresaba por las tardes cansado del trabajo recitaba sus poemas, cuando se sentía solo y abandonado, recitaba sus poemas, el joven envejeció y nunca dejó de recitar sus poemas favoritos hasta el día de su muerte; Sus familiares lo sepultaron abrazando su libro de poemas al que toda su vida se había apegado tanto.

Lo mismo pasa con nosotros. Pasamos la vida rezando tanto, hablando en nuestros rezos de la existencia de un mundo maravilloso, de un lugar en que los ángeles cantan, el sol brilla y los colores son maravillosos y cuando llega el día de dejar el cuerpo nos vamos sin habernos dado cuenta que ese mundo estaba a nuestro alrededor; que los pájaros cantaban para nosotros cada primavera, que las flores nos mostraban infinidad de colores, que cada día de lluvia podíamos oler la tierra mojada y ver los árboles en su más verde esplendor, que el arcoíris brillaba con toda su intensidad. Sin embargo, nunca supimos despegar los ojos de nuestro libro de oraciones para respirar la brisa del mar, para caminar sobre el lago, para escuchar a Dios en los pájaros y en el ruido del aire y Nos morimos abrazando una religión que nunca nos permitió ver más allá de sus promesas.

LA ORACION es un diálogo más personal en el cual con nuestras propias palabras exponemos nuestra situación particular, nuestro sentir y nuestras necesidades y/o deseos más profundos. Tiene un sentido más ambicioso, es pasarle a Dios un reporte exacto de la situación que estamos viviendo, decirle clara y expresamente lo que nosotros queremos que haga con eso, confiar en que nuestra situación mejorará lo antes posible y agradecer por ello.

Cuando escuchamos la frase "todo es cuestión de fe" no se refiere a que debemos tener fe en que Dios nos concederá todo aquello que pidamos sino de tener fe en que ya todo está ahí para nosotros, incluso antes de pedirlo, incluso si no lo necesitáramos nunca. Todo, absolutamente todo en este mundo está disponible y al alcance de nosotros, sólo es cuestión de creer que está ahí y que podemos hacer uso de ello y agradecer por eso y habiendo tenido esa fe, no importa lo imposible que parezca ten por seguro que de alguna manera se manifestará en nuestras vidas. El único sentido de nuestras oraciones debe ser de gratitud, agradecer al Universo a nuestra Madre Tierra, a la naturaleza; agradecer a Dios, al Creador, al Padre, como sea que quieras llamar a tu Poder Superior, agradece porque todo está ahí para nosotros, y no hay necesidad de pedir ni de hacer sacrificios.

Evitemos caer en estereotipos de oración, diciéndole lo que queremos que haga o que nos conceda, como si El no supiera lo que nos sucede, como si no supiera lo que necesitamos o aún peor, como si El estuviera ahí para resolvernos los problemas en los que nosotros mismos nos hemos metido. En ambas situaciones en el rezo y en la oración, lo único que nos falta es fe. Y mucha, pero mucha gratitud para aceptar la vida como es con todos sus sucesos, los que nos gustan y los que nos disgustan, los que nos alegran y los que nos entristecen y no estar diciéndole a Dios todos los días, "hágase tu voluntad, pero esto es lo que yo quiero que hagas por mí". Dios, que creó el universo entero, repleto de millones de estrellas, y planetas incluyendo el nuestro con sus océanos y sus desiertos, alimenta a las aves sin que se lo pidan, encausa los ríos al mar sin que tengamos nosotros que decirle por dónde, riega las plantas con la lluvia y rejuvenece los árboles cada primavera, pone el sol y la luna, el frio y el calor. ¿Crees tú realmente que El espera que tú le digas lo que tiene que hacer con tu vida?

Por muchos años se nos ha enseñado que debemos extender nuestras plegarias a Dios y luego esperar una respuesta. Como si Dios tuviera un recipiente de asuntos pendientes, luego revisara nuestras plegarias y si hay algo que "todavía" no nos merecemos las pasara a "asuntos por resolver"; mientras tanto debemos seguir siendo buenos, hacer sacrificios ir al templo y fingir que estamos bien y de acuerdo con todos. El hecho de que nuestras plegarias sean escuchadas o no, no depende de cuan buenos hemos sido, o cuantos sacrificios estamos dispuestos a hacer para merecer si no de la fe que tengamos en que todo es posible si así lo deseamos siempre y cuando nuestros deseos y aspiraciones entren en el marco del respeto hacia todo y hacia todos en este mundo.

Para muchas otras personas su relación con Dios no va más allá de un trueque, dicho en otras palabras, un intercambio de favores, penitencia y sacrificio "a cambio de". ¿Crees realmente que Dios te va a hacer un milagro a cambio de cien ave-marías? (que en este caso funcionaría solamente para los católicos porque el resto de las religiones no tienen ni la menor idea de lo que eso significa). ¿Realmente crees que Dios te va a enderezar tus conflictos a cambio de una peregrinación al Tíbet, a Tierra Santa o a La Meca? Nooo!!!

Para algunos Dios no es más que un recurso, alguien a quien acudir cuando nos sentimos agobiados, cuando los conflictos nos sobrepasan, cuando el miedo nos aterra, cuando ya no hay más a quien acudir. Es entonces cuando recordamos los rezos, las penitencias, los sacrificios, la misa dominical. Es increíble la creatividad que tenemos para "chantajear" a Dios, ofrecemos mandas, nos vestimos de sayal, de Juan Diego, hacemos ayunos, ¡vamos a misa!, prendemos veladoras, nos colgamos escapularios, rosarios, medallitas, etc. Como si Dios tuviera un precio, como si se pusiera loco de contento de recibir todas nuestras ofertas a cambio de lo que queremos o de que nos perdone aquello que le quita el sueño a nuestra conciencia. Nuestros intentos de acercarnos a Él por medio de rosarios, cruces, velas e inciensos, ayunos, novenas, peregrinaciones, mandas o promesas, penitencias y sacrificios sólo demuestran el grado de atraso espiritual en el que vivimos. Dios no castiga ni premia Eso no es más que una técnica de psicología infantil adoptada por las religiones para obtener de nosotros la conducta deseada e infundir el miedo a la desobediencia de sus reglas y de esta manera poder sobrevivir y tener el absoluto control de nuestras vidas.

Ciertamente, es difícil acostumbrarnos a no pedir y a no esperar que Dios haga algo por nosotros, porque hemos crecido utilizando esa mecánica. No necesitamos de templos, altares, rezos, ni intermediarios para dirigirnos a Dios cuando aprendemos y somos conscientes de que Dios está en nosotros mismos.

Existen madres con hijos perdidos en las drogas, hijos asesinos, hijos encarcelados de por vida y lo ven como un castigo de Dios porque no se atreven a enfrentar la realidad de que fueron ellos mismos quienes influyeron en sus hijos para llevarlos a tomar decisiones equivocadas, quizás por no haberles dedicado el tiempo suficiente, quizás por estar ocupados en otra cosas como el trabajo, los amigos, la televisión incluso el exceso de religiosidad. Es muy fácil evadir responsabilidades y culpar a Dios por lo que nos sucede o nos deja de suceder. Por otra parte, la idea de no merecer nos ha llevado a creer que Dios necesita de sacrificios para concedernos lo que esperamos, Dios no es un Dios de intercambio, no es un Dios de trueque es un Dios de fe. No hay gracia en el sacrificio cuando se espera recompensa. Basta con creer, basta con agradecer, Dios no es un Dios de rezos es un Dios de acción. Un Dios de movimiento, ¡un Dios de vida! No necesita que le digamos lo que tiene que hacer, mucho menos lo que queremos que haga; Aprende a relajarte, a confiar, a descansar en Dios, a tener fe en que cada suceso de nuestra vida tiene una razón y sobre todo, aprende a encontrar la lección en cada suceso y deja ya de depender de medallitas y escapularios, de velos y de sacrificios.

LA GRATITUD Cuando hablamos de gratitud procuremos no caer nuevamente en lo aprendido, más bien aprendamos una nueva actitud de gratitud, en la mayoría de los casos, y para no variar, principalmente los cristianos, cuando hablamos de gratitud pensamos en una actitud de sumisión, me atrevería a decir que incluso sentimos culpa cuando agradecemos, como si no mereciéramos aquello por lo que estamos agradeciendo. Sin darnos cuenta la semilla de la culpabilidad y el sentimiento de no merecer han sido sembrados en nuestro subconsciente desde el momento en que venimos a este mundo. Esto explica el hecho de que no sepamos agradecer con alegría y disfrutar felizmente y sin remordimientos de todas las cosas que están hechas para nosotros, es decir, el Universo entero y poder comérnoslo a mordidas y sin miedo de la misma manera que Eva se comió aquella rica manzana.

Aprende a vivir y a agradecer con alegría, con gozo. Cuando recibes un regalo de cumpleaños ¿lloras? ¡No! y si lo haces lo haces de alegría; cuando te dan un regalo del día de las madres, del día del padre, del día de los enamorados, ¿Te da vergüenza, Te sientes culpable, Te sientes indigno, Sientes que te están haciendo un favor? No, ¿verdad? Te sientes alegre, gozoso, te sabes amado, te das cuenta de que tienes personas a tu lado que piensan en ti, que no se olvidan de ti. Hazte un favor y aprende a tener esa misma actitud con Dios todos los días de tu vida en cada oración de gratitud. Siente el gozo de saberte un hijo amado, de saber que Dios está siempre contigo y nunca te abandona, ni te castiga por pensar o actuar diferente, convéncete a ti mismo que el mundo es tuyo y todo es un regalo que está ahí para ti. Dios te lo da todo por amor. Todo te pertenece y de la misma manera como tomas un regalo y cuidas de él como un acto de gratitud a la persona que te lo dio, así mismo debes aprender a cuidar tu vida, tu entorno, tus acciones y tus relaciones, eso es la gratitud convertida en hechos; El vivir a diario con una actitud de agradecimiento y alegría es ya en si una oración de gratitud. La gratitud debería ser el tema principal de conversación en nuestra relación con Dios.

SEGUNDA PARTE

A IMAGEN Y SEMEJANZA

Dios es el aire y la lágrima,
la hormiga y la montaña,
la brisa y la tormenta.
Rocío Gaxiola-Shaheen.

IV.
EL HOMBRE A SU IMAGEN Y SEMEJANZA

¿Te has puesto a pensar lo que esto significa? En realidad no creo que esto signifique de ninguna manera que Dios tiene dos piernas, dos brazos, dos ojos una cabeza y un ombligo; de ser así, tendríamos que aceptar que los niños que nacen con malformaciones físicas, sin brazos o sin piernas no están hechos a imagen y semejanza de Dios. Peor aún, Tendríamos que dar por hecho que Dios tiene una forma determinada y no es así, Dios es todo y está en todo, Dios es el aire y la lágrima, la hormiga y la montaña, la brisa y la tormenta.

Esta afirmación va más allá de las cualidades físicas, quedan descartadas por lo tanto todas esas pinturas famosas de un Dios con cuerpo humano rodeado de ángeles celestiales, Dios no tiene cuerpo ni tiene forma, se nos hace más fácil creer en un Dios con cuerpo humano que aceptar que somos divinos, Dios es todos los cuerpos es el tuyo y el mío y el de todo lo que existe en este mundo. Al decir que Dios nos hizo a su imagen y semejanza nos referimos a que Dios nos hizo con la misma capacidad de amar, con su misma capacidad de crear, con su misma capacidad de decidir y de perdonar y para hacer uso de estas capacidades nos ha dado el libre albedrio. Dios nos hizo con la capacidad de crear nuestro entorno, de decidir si somos felices o infelices, ninguna persona nace siendo triste y amargada, nadie nace fracasado, nadie nace deprimido, Dios nos hizo "a su imagen y semejanza" perfectamente felices. Somos nosotros quienes a través de la vida y sus experiencias decidimos qué actitud queremos tomar, la felicidad perfecta es nuestra naturaleza, la negatividad es una actitud, lo mismo que la inconformidad y la desdicha... Son una decisión propia. Dios ha puesto todo en este mundo para que hagamos uso de ello, tanto para ser despiadadamente felices como para llegar a ser las personas más infelices e inconformes del planeta. La felicidad es un estado que nosotros mismos construimos a lo largo de nuestra vida, la felicidad es una decisión propia, un logro propio, no es un regalo de Dios, el regalo de Dios son los medios para lograrla pero no esperes que el haga todo por ti.

Fuimos creados con la capacidad de crear y atraer a nuestro entorno cualquier cosa que deseamos y para esto no es necesario tanto rezo, porque si bien sabemos la religión depende de Dios, Dios no necesita a la religión en lo más mínimo, ni tus rezos para proveerte lo que necesitas, puesto que ya todo te ha sido dado. Esa semejanza que tenemos con el creador nos da la capacidad de obtener cualquier cosa que nos propongamos con el simple hecho de "creer" que todo nos ha sido previamente concedido.

Entonces te preguntarás… ¿Por qué yo no soy capaz de obtener lo que quiero? Existen personas, al igual que Jesús, con poder de sanación, y no es porque ellos hayan sido creados diferentes a nosotros o porque hayan recibido "dones especiales", es simplemente que ellos se saben capaces de sanar y lo hacen. Existen paralíticos que han logrado levantarse y volver a caminar y no es porque Dios les haya hecho el milagro; su fe, su capacidad de creer es quien lo logra. Jesús no dijo "Pídele a Dios que te traiga la montaña y Dios te la traerá", él dijo: "Si tuvieran fe… le dirían a la montaña ¡muévete! y ésta se movería". Recuerda siempre que la fe es la que mueve las montañas. Basta con creer que Dios nos dio esa capacidad para lograr cualquier cosa que nos propongamos en esta vida.

Dios nos hizo a su imagen y semejanza al darnos su misma capacidad de amar, el odio, el rencor, la envidia, el coraje, la impotencia, todos esos sentimientos destructivos son decisiones que nosotros tomamos; Cuando no perdonamos, no es que no seamos capaces de hacerlo, es que hemos decidido no hacerlo, cuando no olvidamos las ofensas, es que decidimos no olvidar y nos negamos a tomar la decisión más elevada que es el amor. ¿Qué pensarías si te dijera que las personas malas no existen? Que las personas que hacen daño no lo hacen por maldad, es la verdad, las personas malas no existen porque todos, absolutamente todos hemos sido creados a imagen y semejanza de Dios y en Dios no existe la maldad, Dios es el amor sublime. Muchas veces quienes nos lastiman no lo hacen por maldad sino por ignorancia, ya que no conocen el amor, o por lo menos no lo han encontrado en nosotros, incluso puede ser que muchas de esas personas que nos han lastimado ni siquiera tuvieron la intención de hacerlo, somos nosotros en nuestro egoísmo, en nuestra mente distorsionada quienes nos sentimos lastimados, mientras la otra persona sigue su vida completamente indiferente, ignorando por completo el habernos ocasionado tal sufrimiento, el cual nosotros "no podemos perdonar", incluso, si hubiera sido su intención hacerlo, no sería más que una decisión personal de ellos y no depende de ti; El soltarlo, el dejarlo ir y el perdón por el sufrimiento ocasionado, eso sí depende de ti, has sido tú quien ha permitido que sus decisiones y sus propias experiencias afecten tu vida y tu entorno. Decide tú mismo las cosas que valen la pena para ti y lo que no te sirva de nada suéltalo, déjalo ir, no construyas tu propio infierno en base a las acciones de alguien más. Todos tenemos la capacidad, de perdonar, de soltar, de dejar ir, incluso de olvidar todo aquello que nos ha causado una experiencia de dolor, todos tenemos todas las capacidades de este mundo no trates de justificar tu falta de amor y de fe, recuerda que en eso consiste el ser imagen y semejanza de Dios.

> *La divinidad en el hombre*
> *es la única parte verdadera de su existencia*
> *y todo lo demás está al servicio de ella.*
> Dr. H. Spencer Lewis

V.
CHISPITAS DE DIOS

Imagínate, que desde el principio nos hubieran contado una historia diferente, exenta de amenazas, de maldiciones, de destierros, de pecado, de esclavitud, de infiernos, de guerras entre el bien y el mal, de asesinatos, de juicio final y de almas ardiendo en el fuego eterno.

Imagínate una estrella muy grade colgada de la nada iluminándolo un todo. Un día a esa estrella se le ocurrió que en lugar de ser tan grande y tan luminosa podría dividirse en millones de pequeñas estrellas y viajar a través del Universo, del tiempo y del espacio y conocer todas las experiencias que ese "todo", al que ella iluminaba podía ofrecerle y decidió dividirse en miles de billones de millones de pequeñas estrellas, que pudieran viajar a través del tiempo y el espacio disfrutar y experimentar diferentes entornos y situaciones a todo lo largo y ancho del universo que la rodeaba y al cual ella iluminaba desde lo alto. Decidió enviar todas estas chispitas al universo para que, habiendo una vez experimentado la libertad, la individualidad, y todas y cada una de las experiencias que encontraran en ese trayecto reforzaran su luz y regresaran a ella, logrando con esto el brillo más impresionante jamás imaginado, cargado de todas las experiencias, todos los colores, y toda el aprendizaje adquirido en su trayectoria.

En una explosión de amor esta estrella Gigante se esparció por el mundo creando con ello infinidad de pequeñas estrellas de diferentes colores, con capacidad de brillar por sí mismas, unas más grandes que otras, unas más lejanas que otras, cada una completamente diferente a la otra pero todas con todas las cualidades de una estrella y con una misma finalidad: experimentar su propia existencia en el Universo y encontrar la manera de regresar a su origen que era ella misma. Todas estas estrellas se esparcieron en el infinito del Universo, algunas de ellas llegaron a lugares muy oscuros y al estar ahí olvidaron de donde provenían y se llenaron de temor dejando por lo tanto de brillar, algunas otras llegaron a lugares muy hostiles donde el oxígeno que necesitaban para brillar era muy escaso y poco a poco se fueron olvidando que si se mantenían unidas podían convertir ese lugar hostil en un lugar lleno de luz y de vida y cada una comenzó su lucha por su sobrevivencia comenzando así una guerra entre ellas que poco a poco fue convirtiendo el lugar en una zona aún más hostil de lo que era al principio, la guerra fue tan cruenta y despiadada que muchas de ellas se perdieron, perdiendo así la oportunidad de iluminar el camino que las llevaría de regreso a su origen.

Otras "más afortunadas" cayeron en lugares tan llenos de abundancia y de cosas nuevas que su brillo se vio opacado ante tal opulencia de bellezas materiales y decidieron quedarse en ese lugar sacrificando así la oportunidad de regresar a su origen que era el brillo más inmenso que podía existir en el Universo. Hubo algunas otras que en la explosión de amor cayeron tan lejos que pensaron que "ese era su destino" se sintieron expulsadas y olvidadas y ni siquiera se entraron que la verdadera finalidad era vivir la experiencia aprender a superarla con amor para regresar a la estrella enorme y gigante a la cual pertenecían; Hubo sin embargo algunas que cayeron en alguno de todos estos escenarios pero nunca perdieron su camino, nunca olvidaron su misión, se mantuvieron unidas, se protegieron y cuidaron entre sí, se unieron y se fortalecieron, se apoyaron en los tramos difíciles del camino y se dieron ánimos para seguir adelante, soñando siempre con el día del reencuentro y trabajando duro por ello aunque esto significara superar la oscuridad del lugar, sobrevivir a las situaciones inhóspitas, renunciar a la belleza y al brillo artificiales para poder llegar a volver a ser una con la fuente que un día las esparció por amor para que cada una conociera por sí misma todas y cada una de las experiencias que el Universo podía ofrecerles. Algunas otras trataron de regresar por atajos, sin enfrentar los retos, sin superar las experiencias, sin importarles empujar y desplazar a estrellas más pequeñas que se encontraron en su camino, sin importarles el sufrimiento o las dificultades de las demás, sin detenerse a dar ánimos, a dar consuelo, a recordarles a las demás cual era el objetivo inicial y final de toda esa aventura pero cuando intentaron regresar a formar parte de nuevo de aquella estrella gigante descubrieron que en alguno de los atajos habían perdido su capacidad de brillar y ya no encajaban en la perfección de aquella inmensa brillantez, teniendo así que regresar a volver a vivir su experiencia y tratar de recuperar el brillo perdido, aprendiendo a tomar el camino largo, a aprender las experiencias evadidas, a reconciliarse con los que dejaron en el camino por no detenerse a compartir su luz para seguir avanzando.

Hubo también muchísimas de ellas que confundieron el sentido de la unidad (indispensable para su propósito) con la mera "unificación de ideas", se agruparon y decidieron crear "manuales", "guías", "mapas", "estrategias", para poder regresar a su origen. Llegó un momento que las ideas fueron tantas y tan diferentes que se encontraron perdidas con un montón de "métodos pre-diseñados" que de nada les servían cuando de encontrar el camino se trataba, quedando así atrapadas indefinidamente en medio de su propia confusión siguiendo a esas estrellas "líderes" que les prometían llevarlas de regreso pero que muchas veces ni esos mismos líderes tenían la más remota idea de cómo lograrlo. Quienes entendieron la idea lo hicieron al primer intento, quienes se confundieron lo hicieron al segundo o al tercero, hubo a quienes les llevo miles de intentos, porque eran tantas las experiencias por vivir que siempre había alguna que escapaba a su vista, no sólo debían aprender a compartir la luz para seguir avanzando, sino había también, muchas veces, que ayudar a las estrellas perdidas en el viaje, debían también superar dificultades, y sobre todo, aprender a amar el entorno en el que les había tocado caer y hacer lo necesario por cambiarlo para convertirlo en un lugar de luz, para lo cual sólo era necesario compartir un poco de la propia.

Esta aventura lleva millones de miles de años realizándose, Dios es esa estrella gigante que nos esparció por el mundo en un acto de infinito amor, cada uno de nosotros somos esos pequeños fragmentos de Dios disfrutando de la libertad de conocer y transformar todas y cada una de las experiencias que el Universo nos ofrece: la soledad, la familia, la alegría, la tristeza, la pobreza, la riqueza, la sabiduría, la ignorancia, la desesperación y la paciencia, la enfermedad, los intentos, los fallos, los triunfos, los avances y los retrocesos de nuestras almas. Nuestra tarea es superar con amor los obstáculos, las discordias, la inadaptación al medio, las drogas, los abusos, la mentira, la infidelidad, la desconfianza, el racismo, la intolerancia, la indiferencia, la apatía, los miedos, las guerras, la ambición por el poder, la desintegración familiar, el abandono, las injusticias y todo aquello que nos impide volver a disfrutar de ese brillo perfecto; Él Nunca nos abandonó, siempre ha estado ahí, esperando nuestro regreso. Ha permanecido siempre ahí observándonos con el mismo amor que un padre observa a sus hijos jugando en el parque. Nunca nos exilió enviándonos a lugares sin salida, castigándonos eternamente por no encontrar el camino en nuestro primero, segundo o milésimo intento. Dios es el amor en su máxima expresión, por lo tanto nuestro origen es el amor y es ahí donde nos corresponde regresar.

A veces en nuestro camino encontramos almas perdidas, almas confundidas, almas que han perdido su brillo. Chispitas de Dios que cayeron en lugares inhóspitos, de abandono, drogas, de abusos, podemos ver algunas que se encuentran en zonas de intolerancia, de exceso de estrés, exceso de religiosidad, de ambición, de lucha por pertenecer a determinados esquemas sociales, absortos en la tecnología, olvidados de los valores familiares y sobrecargados de egoísmo. Vemos almas en la oscuridad, perdidas en la confusión de las religiones, de asociaciones y corrientes "filosóficas" que les ofrecen llevarlos por el camino de la salvación, confundiéndoles aún más y haciéndolas esclavas de sus "metodologías y sus doctrinas. Existen almas en proceso del aprendizaje del perdón y la aceptación, almas que deben superar su entorno mediante su propio esfuerzo, almas que deben aprender la lección del perdón y la dignidad, víctimas de abandono, abusos físicos, sexuales y sicológicos a quienes se les ha robado su brillo y han cambiado la esperanza aferrándose al dolor y a sentimientos de venganza que no hacen sino alejarlos aún más del camino de la sanación, la aceptación, la superación espiritual y el camino de regreso al Padre. A menudo nos damos cuenta que nuestra propia alma se encuentra aún sin poder superar alguno de estos obstáculos, sentimientos de odio, deseos de venganza, impotencia, muchas de esas veces justificamos nuestros odios por el daño que esas personas nos han hecho o que están ocasionando a alguien más, justificamos nuestros deseos de venganza pensando que lo que realmente esperamos es justicia, justificamos nuestra falta de tolerancia con la excusa de que quisiéramos cambiar al mundo por uno mejor, Eso no es más que un obstáculo más que debemos superar, debemos superar la idea de sentirnos jueces de los demás, no te corresponde a ti cambiar a esas personas, si puedes detener sus actos es una bendición pero si no está en tus manos créeme que no es a ti a quien le corresponde juzgar ni hacer justicia. Con esto no pretendo convencerte de que perdonar sea una tarea fácil, se necesita un nivel elevado del amor para soltar el rencor, el coraje, el resentimiento y las ganas de cobrarnos. Como humanos que somos siempre nuestro primer impulso es desear que quien nos ha lastimado pague el precio de lo que nos hizo y si somos nosotros los que nos encargamos de eso mucho mejor, pues así nos aseguramos de que se hizo "justicia", nos cuesta mucho reconocer la lección dentro de la experiencia, nos molesta que se nos hable de perdonar cuando nos sentimos lastimados, es muy humano el deseo de sentir esas tremendas ganas de que "alguien me pague por esto". Si aprendemos a aceptar que cada quien tiene un camino por recorrer con sus propias experiencias y es responsable de sus propios actos los cuales tienen una razón tanto en sus vidas como en la nuestra aun cuando nos haya tocado hacer de víctimas será más fácil soltar el rencor y olvidarnos de la necesidad o la obsesión por la "justicia". Cuando veamos la vida desde un punto de vista diferente, aceptándola como una experiencia humana entenderemos que todas y cada una de las cosas que nos pasan son simples sucesos por muy injustos que nos parezcan, están ahí para enseñarnos una lección más, que puede ser de perdón, de aceptación, de tolerancia, de desprendimiento o de puro amor.

Cada persona tiene una misión y existen personas con la desdichada misión de provocar dolor, eso no significa que esas personas sean felices haciéndolo, créeme que están viviendo en su propio infierno pero no están ahí para recibir tus juicios ni provocarte sentimientos de odio e impotencia, sino todo lo contrario, están ahí para hacerte experimentar el dolor y así puedas aprender y valorar el perdón, porque para conocer la alegría es necesario conocer y experimentar la tristeza, igual que para llegar a conocer el amor es necesario conocer y experimentar la ausencia del mismo; También están ahí para que asumas que no está en tus manos rectificar sus caminos y aprendas a dejarlas ir respetando sus decisiones, no permitas que alguien más sea un obstáculo en tu camino, sigue adelante, perdona, olvida y suéltalo, ellos están viviendo su propia experiencia y su verdadera misión en tu vida es hacerte ver lo que la ausencia del amor provoca y de esta manera te decidas a amar. No eres tú quien decide lo que debería sucederte o no, cada una de las experiencias de tu vida está ahí para tu crecimiento espiritual sólo tienes que aprender a flotar… aprende a dejar ir con amor, las cosas se irán más rápido y con menos dolor.

En la vida diaria vemos también algunas de esas almas que al principio cayeron en lugares aptos para su evolución, pero poco a poco y debido a sus propias decisiones fueron convirtiendo su entorno en lugares de verdadera oscuridad. Personas que tenían todo para ser felices, pero poco a poco se fueron llenando de amargura, de resentimiento, de ambición, tomaron decisiones basadas, más que en el amor en un beneficio inmediato y pasajero. Muy pocas veces podemos ver el brillo perfecto de aquellas que ya han encontrado el camino, esas que avanzan lento, deteniéndose a ayudar a cada una de las almas que se atraviesan en su camino, no tienen ninguna prisa, porque saben perfectamente a dónde van y el secreto para lograrlo. Qué distinta hubiera sido nuestra vida con una historia como ésta, llena de amor, de oportunidades, de libertad y de experiencias personales de Dios. Si nos hubieran hablado de esto desde nuestra infancia seríamos libres y de esta manera nadie podría vendernos la biblia, los sacramentos, el diezmo, las penitencias, la inquisición, las guerras santas, las cruzadas, el divorcio, el agua bendita el sirio pascual, los escapularios, el rosario, las peregrinaciones, la gira papal al país en turno, el infierno, las apariciones de la virgen, el juicio final, el purgatorio, las indulgencias, etc.

Esto no es más que un cuento con el que intento hacerte comprender que Dios es mucho más que vida o muerte, Gloria o Infierno, como quien juega a piedra papel o tijeras, que su amor hacia nosotros es infinito y que tales llamas eternas no existen, que no hay razón para el miedo, que Dios no impone reglas ni amenazas, que somos parte de Él y Él ha sido siempre parte de nosotros, por lo tanto, Dios no puede amenazarse, castigarse ni condenarse a sí mismo. Dios, nuestro origen, es algo mucho más sublime y más divino que una manzana y una serpiente y en ningún momento podría arrepentirse ni maldecir su propia creación, ni nuestro final es incierto como nos lo han hecho creer. Tu destino y el mío es el mismo: compartir la Gloria de Dios, que es el amor mismo, no importa cuántas oportunidades necesitemos para lograrlo pues nada grandioso se logra en una sola vida.

Dios no es el responsable
de tu desdicha o tu felicidad,
para eso te ha dado el libre albedrío.
Rocío Gaxiola-Shaheen.

VI.
EL LIBRE ALBEDRIO

El libre albedrío es el derecho de toda persona a actuar de la manera que mejor le parezca y tomar las decisiones personales con toda la libertad del mundo sin ninguna presión religiosa, política, social, familiar o de cualquier otra índole. Se dice que Dios al crearnos nos dio libre albedrío y con este tema entramos en otra de las contradicciones religiosas.

Existen ciertas pautas, ciertas reglas que debemos seguir, infinidad de condicionamientos e imposiciones con las que debemos cumplir para poder encajar en la sociedad en que vivimos. Esto no es relevante si te limitas a seguir aquellas que son para tu bienestar emocional y espiritual, sin embargo, en términos sociales, hay quienes viven con sus tarjetas de crédito saturadas por tratar de aparentar lo que realmente no poseen pero que la sociedad espera de ellos, autos, viajes, fiestas, moda, tecnología, etc. Invariablemente las presiones sociales son presiones que tú mismo has aceptado consciente o inconscientemente y puedes ponerles un alto en el momento que tú lo decidas.

En términos familiares, hay personas que han decidido quedarse al lado de alguien que, más que compartir su luz, les roba toda su energía, su dignidad y su derecho a buscar su propia felicidad. Personas que, por decisión propia, comparten su vida con alguien que no tiene ningún respeto por nadie, ni por ellos mismos y nunca emprenden la búsqueda por miedo, por falta de fe verdadera en que Dios nos provee de todo lo necesario para salir adelante aun en las condiciones más adversas y por el miedo a condenar su alma al castigo eterno si deciden ir en busca de su propio derecho a la felicidad.

En términos religiosos, Hay quienes incluso nos han hecho creer que debemos pertenecer a determinada religión como único medio de salvación, ya que es imposible salvar nuestras almas por nosotros mismos. Permíteme decirte algo, hay una sola cosa en este mundo que nadie más puede hacer por ti: Lograr la plenitud de tu alma, en absolutamente todos los demás aspectos somos sustituibles o necesitamos la ayuda de alguien más. Y en caso de que verdaderamente necesitáramos pertenecer a una religión para "salvar' nuestras almas... ¿Por cuál de ellas nos debemos decidir? Porque en nuestros días podemos ver templos de diferentes corrientes y creencias religiosas en cada esquina, cada una de ellas asegurando ser la verdadera, mormones, evangélicos, anglicanos, católicos, adventistas, universales, hindúes, Islámicos, esto por nombrar los más conocidos.

La religión nos niega el derecho a nuestra libertad de explorar, de conocer, de buscar los caminos de Dios a nuestra manera; Utiliza la coacción como arma invisible, a través de la influencia, de la amenaza y de la estimulación a través de sus promesas de salvación, nos hace esclavos del miedo, nos limita a sus propias ideologías, nos amenaza, nos roba nuestra libertad, nos hace creer que fuera de ella, sea cual sea, estamos perdidos y no solo eso, estamos condenados por atentar contra las leyes de Dios, no hay escrito en ningún libro ninguna ley que nos obligue a pertenecer a ninguna religión, eso es opcional de acuerdo a nuestras propias necesidades, muy humanas, y debe ser decisión propia y respetable si nuestra necesidad de "tangibilidad" y pertenencia así nos lo dictan. Cualesquiera que sean los medios utilizados para el logro de sus objetivos, manteniéndonos en la ignorancia, minimizando lo que realmente somos, limitando nuestra capacidad de vivir la verdadera experiencia de Dios en nuestras vidas, no es más que obstaculizar nuestro derecho de decisión.

La religión no es indispensable para la salvación de nuestras almas, pero si tú, como humano, necesitas aferrarte a algo tangible y visible para poder crecer, asegúrate que tu religión está dando frutos positivos en ti, haciendo de ti una persona responsable, sensible al dolor humano, comprensiva, ética, compasiva y no estás en ella por tradición, por apariencias por costumbre o lo que es peor, por miedo, recuerda siempre que todo, incluso esas condiciones también se pueden lograr sin afiliaciones religiosas de ningún tipo. No limites tus conocimientos a un solo libro, ni tu aprendizaje a una sola corriente religiosa ni límites tu crecimiento a las ideas de un director espiritual, no permitas nunca que un entrenador te diga cuáles son tus ejercicios diarios ni que un médico decida cuál es la dieta que más te conviene. No te conviertas en mendigo emocional ni en enano psicológico, que nada te impida tener criterios propios

Siguiendo con el tema de las contradicciones religiosas, Nos hablan de un padre amoroso que va a venir a quemarnos en el infierno si no nos comportamos de la manera que "Él" lo ha establecido, que vendrá un día abriendo los cielos para juzgarnos y separará el trigo de la paja y hará arder en el fuego eterno a todo aquel que no se encuentre en sus caminos. ¿Cómo puede un padre amoroso amenazarnos con castigos de tal magnitud? ¿Cómo puede el Ser que nos ha creado condenarnos al sufrimiento eterno? ¿Cómo puede el Dios del amor recrearse en el dolor de sus hijos? ¿Dónde queda pues, el amor infinito, la misericordia divina? ¿Cómo es posible que Dios nos pida que vivamos en amor y armonía y al mismo tiempo mostrarnos un amor tan limitado que no tiene cabida para el perdón sin el castigo previo? ¿Cómo el Dios de la misericordia puede ser tan despiadado? ¿Cómo es posible que se nos facilite más creer en todas estas amenazas que en la existencia de un Dios capaz de amar y perdonarnos, capaz de darnos una y mil oportunidades para conocer el amor para de esta manera poder regresar a Él? ¿Dónde queda pues el libre albedrío, ese que Dios nos ha dado para vivir y disfrutar la vida en nuestros propios términos y a nuestra manera personal? ¿Dónde queda nuestra confianza en Dios? Atrévete a ser libre y a vivir sin ataduras ni prejuicios, sin miedos, libre de amenazas y dogmas pues el libre albedrío que hemos recibido no está condicionado a nada, es plena libertad que viene del amor que Dios tiene por su creación y abarca todos los aspectos de nuestras vidas, nuestro entorno, nuestra familia, nuestra vida conyugal, nuestras creencias, nuestro desenvolvimiento diario en sociedad. El libre albedrío comprende todas y cada una de nuestras decisiones. No podemos decir que Dios nos dio libre albedrío y estar condicionados a seguir pautas de conducta establecidas por hombres tan humanos como tú y como yo que a lo largo del tiempo se han adjudicado el derecho a juzgar nuestra conducta "nombre de Dios", de ser así Dios mismo estaría contradiciéndose.

La religión nos habla de un Dios que liberó a su pueblo de la esclavitud sin embargo la misma religión nos ha mantenido psicológicamente esclavos de sus dogmas, de sus amenazas, de sus reglas y sus doctrinas por más de dos mil años. Dios nos hizo completamente libres sin condiciones ni amenazas porque eso no corresponde al amor, mucho menos al amor divino. Siéntete libre de decidir, pero trata siempre que tu decisión sea siempre la más elevada, que es la del amor. Jamás podrás ir en contra de la verdad si actúas basando tus decisiones en el amor porque el amor no hiere, ni mata, ni comete injusticia, ni oprime, ni castiga, ni siquiera amenaza. Dios no es un hipócrita, no te da libre albedrío junto con una lista de condiciones, ni tampoco hace su voluntad en lo que a nuestros asuntos se refiere, el libre albedrío más que un regalo es una responsabilidad que Él nos ha dado. Somos responsables de nuestras vidas y de nuestras almas. Pedirle a Él que haga el su voluntad es evadir nuestras propias responsabilidades.

No debemos avergonzarnos de pensar diferente y mucho menos de defender todo aquello en lo que nosotros creemos o sentimos, no cerremos la posibilidad a una realidad diferente de la que hemos aprendido, busca tu propia verdad, siéntete libre abre tu mente y tu corazón para que puedas escuchar lo que Dios tiene que decirte y no lo que los demás quieren que escuches. No permitas que nadie determine tus actos ni tus creencias, busca en ti, eres el templo más perfecto de Dios, no evadas tu responsabilidad con Dios viviendo una vida de verdades ajenas. Ahí tienes el ejemplo de Galileo, en su tiempo, todo el mundo creía que la tierra plana y no esférica, él era el único en pensar lo contrario, creyó en su verdad aun en contra del mundo entero, la defendió y termino por demostrarla y todo esto muy a pesar de lo que el mundo entero y la religión pensaran.

La gente nos cree enfermos cuando pensamos o actuamos de una manera diferente y el único remedio a nuestro mal es unirnos y ser parte del mal común para lograr que se nos considere "normales". La verdadera libertad no consiste en hacer cualquier cosa que se nos venga en gana sino en hacer todo lo que se nos antoje dentro del margen de responsabilidad que nos da el amor; Vive tu propia locura, busca tu propia verdad, abrete al cambio, pero no abandones tus valores. Analiza tu grado de libertad cuando llega el momento de tomar una decisión. ¿En qué basas

tus decisiones? ¿Decides inmediatamente de acuerdo a tus convicciones
o te detienes a pensar antes si el resto del mundo estará de acuerdo? Si
pides un consejo, ¿analizas si esto va de acuerdo a tus creencias y a tus
intuiciones antes de aceptarlo o simplemente actúas de acuerdo a lo que
más satisfaga las pautas sociales y religiosas? ¿La opinión de los demás
cambia el resultado en tus decisiones? ¿Estás ahora mismo viviendo una
situación difícil o una religión que no te convence del todo tan sólo por lo
que van a decir los demás si expresas tu forma de pensar?

TERCERA PARTE

RELIGION

Y el séptimo día pudo Dios
haber creado las religiones.
Tal vez lo pensó dos veces
y prefirió descansar.
Rocío Gaxiola-Shaheen.

VII.
UN DIOS RELIGIOSO

Ufff!!!

No hay estafa más grande que creer que la religión en la que nosotros creemos es la que nos va a llevar al cielo, y no hay límite más grande en este mundo que la religión.

El vivir atado a una religión no es una condición para alcanzar la realización de nuestras almas, de la misma manera, el no pertenecer a una religión o no seguir ninguna pauta religiosa no va a condenar tu alma. Incluso quienes no creen en Dios tienen las mismas oportunidades que nosotros. La mayoría de las doctrinas orientales por ejemplo, no son una religión puesto que no creen en Dios, es más bien son consideradas como un modo de vida para convertirte en una mejor persona y no por eso se van al infierno todos los que las practican. Te lo explico de un modo más claro: Una persona que sufre de sobrepeso necesita indudablemente perder unos kilos para mejorar su salud, para esto tiene dos opciones: hacer una dieta y seguir una rutina de ejercicio o aprender a comer sanamente y salir a dar un paseo todos los días. La dieta es la religión, te marca pautas, te impone límites y lo poco que te permite hacer debe ser antes validado por ella. Aprender a comer sanamente es el modo de vida, eso es el budismo, por nombrar sólo una, saber, ser consciente y responsable por los actos, las palabras, y los resultados en el diario paseo por esta vida. También nosotros tenemos esa plena libertad de decidir entre una religión y un modo de vida. ¡Tenemos libre albedrío! El libre albedrío que Dios nos ha dado nos puede proveer tanto de la felicidad desmedida como de la más mediocre calidad de vida, y tú eres el único que decide.

El profeta Mahoma dijo en cierta ocasión:

-... *Todo recién nacido aún conserva el sentido y la naturaleza de todas las cosas; son sus padres, quienes lo hacen cristiano, judío o zoroastriano.* Alguien entre sus compañeros le replicó "...

-o musulmán". Y Mahoma le respondió *"No, el recién nacido siempre es musulmán".*

Ser musulmán no sólo significa pertenecer a la religión islámica, como la mayoría de nosotros cree. La palabra musulmán significa "el que se somete" Es decir, el que cumple, el que obedece las leyes del amor; el que vive la vida en armonía con el universo y todos nacemos en esa condición. De manera que tú puedes ser católico, evangélico, testigo de Jehovah, anglicano... o simplemente vivir tu vida sin apegarte a ninguna religión y aun así ser musulmán. Ser musulmán, es mucho más que el simple hecho de pertenecer a la religión islámica, es vivir una vida de rectitud, en cualquier religión que hayamos adoptado o sin ella.

Es muy fácil abrazar religiones o corrientes filosóficas que nos hablan y nos dicen qué es lo que Dios quiere de nosotros, qué debemos hacer para "mantenerlo contento" y cuáles son las penas y los sacrificios que nos llevan más rápida y directamente al cielo y esto lo hacemos porque para cualquier persona es más fácil seguir a los que *"ya saben por dónde"* que buscar nuestras propias respuestas de acuerdo a nuestras propias experiencias y necesidades individuales y aceptar nuestra responsabilidad en ello. La religión es el obstáculo más grande que tenemos para conocer verdaderamente al Dios del amor que nos ha creado y para que nos manifieste toda su grandeza y su bondad para con nosotros. La religión es como una autopista cerrada en ambas direcciones, no nos permite conocer realmente la grandeza de Dios, puesto que está compuesta de una cantidad impresionante de límites y restricciones pero sobre todo de temor y tampoco permite a Dios llegar a nuestras vidas porque al estar nosotros sujetos a límites y miedos no le permitimos manifestarse plenamente tal y como verdaderamente es, Él no ha establecido ninguna religión, la religión es producto del hombre, Dios es el mismo para ti, para mí, para los adventistas, para los musulmanes, para los judíos, para los hindúes, incluso para aquellos quienes no creen en Él.

Creer que Dios te habla a través de personas que han dedicado su vida a Él y a través de escritos que han sobrevivido al tiempo te impide escucharlo hoy en el aire y en el agua, en los pájaros y en el ruido de las hojas. Aferrarte a lo ya instituido, a relatos de quienes ya lo han experimentado, a métodos pre-establecidos te impide descubrir tu propio sendero hacia la perfección de Dios. Dios es una experiencia personal, no te permitas aceptar una experiencia ajena como verdad absoluta, tu alma vale demasiado para confiársela a alguien más. Aprende a meditar, a reflexionar, a internarte en tu propio espíritu, busca tus propias verdades por medio de tu propia experiencia, y cuando la encuentres no dejes que la oscuridad del "yo creo" prime sobre la claridad del "yo siento". Es decir, si un día llegas a la conclusión de que las enseñanzas recibidas o las creencias religiosas que se te han inculcado difieren de lo que tú piensas o sientes que debe ser, no te juzgues, no pienses que estas pecando contra Dios, que estas blasfemando o que te estas volviendo loco, aprende a respetar las ideas, creencias y decisiones de cada individuo pero no pienses que por eso las tuyas tienen menos valor. Y te preguntarás: ¿Cómo puedo saber cuándo he encontrado mi propia verdad? Te daré unos ejemplos: algunas veces en tu vida te has encontrado con oportunidades que a primera vista te pueden parecer excelentes, sin embargo hay una algo que te hace sentir que no tendrá buen final y decides dejarlo por un lado, a eso le llamamos instinto. Pudiera ser que te enamoras de una persona que no te corresponde, que no comparte tus ideas ni tus ideales, hay algo en ti que te dice que esa no es la persona que tú quieres para compartir el resto de tu vida, le llamamos sentido común, y como último y el mejor de todos los ejemplos: Galileo Galilei, pudo comprobar que la tierra gira alrededor del sol gracias su descubrimiento del péndulo. Galileo descubrió el péndulo un día que observaba la oscilación de una lámpara de aceite colgando del techo, en ese tiempo no existían ni los relojes ni los cronómetros y lo que él hizo para medir el periodo de oscilación fue contar los latidos de su corazón por medio del pulso de su mano.

En los tres ejemplos anteriores hay una sola cosa en común, lo que sientes tiene que estar de acuerdo con lo que piensas para alcanzar lo que estás buscando. En resumen, la respuesta es muy fácil: Sabrás que has encontrado tu propia verdad cuando tu mente y tu corazón hayan logrado ponerse de acuerdo; Hemos vivido tantos años apegados a las mismas ideas, a las mismas prácticas, a las mismas creencias, aunque no nos funcionen. Tenemos miedo a cambiar nuestros pensamientos y nos negamos a aceptar nuevas ideas y preferimos seguir atados a viejos esquemas al igual que los esclavos vivían atados a pelotas de acero en sus pies para impedir que se escaparan de quienes los habían comprado. Deja de vivir aferrado a esas ideas que quizás puedan funcionar para alguien más pero eso no garantiza que funcionen para ti, porque cada quien tiene un punto de vista diferente y cada quien debería tener una idea personal de Dios. Sigue tu instinto, Dios te lo ha dado por una razón.

La mayoría de las religiones nos hablan de un "Juicio Final" donde tendremos que dar cuentas a Dios de nuestros actos y de acuerdo a la calificación que obtengamos nos vamos al cielo o al infierno, tal juicio final no existe, porque somos eternos y la eternidad ni tiene fin mucho menos juicios, ese es otro más de los cuentos de terror contenidos, con algunas variante por supuesto, en la mayoría de los libros llamados sagrados, no pienses que Dios va a estar ahí para pregúntate cuántas veces comulgaste o cuántas veces te confesaste porque eso sería discriminación para los que no saben lo que es eso y Dios no discrimina. No pienses que Dios te va a mandar al infierno si no vas al templo cada domingo como lo hacen los cristianos, si no descansas el sábado como lo hacen los judíos o si no visitas la mezquita el viernes como los musulmanes, si no ayunas el viernes de semana santa o el mes del ramadán, si no pones un billete en la canasta de la limosna o si sientes que tu religión no te llena o no predica lo mismo que tu corazón te dice. Incluso si decides vivir sin apegarte a ninguna de ellas. El hecho de haber sido educados en una religión o con determinadas creencias no significa que tengamos que vivir atados a eso el resto de nuestra vida mucho menos si esas creencias no llenan nuestras expectativas, no nos convencen, o simplemente no estamos de acuerdo con ellas.

Nuestros padres nos educaron en una religión y en un marco de creencias acordes a su propia fe porque a su vez ellos fueron educados por nuestros abuelos de la misma manera, pero eso no significa que no tengamos el derecho de tener una idea diferente o nuestra propia percepción de Dios, de la religión y del mundo que nos rodea y que decidamos aprender a descubrir a Dios de una manera personal, ellos nos educaron de cierta manera porque eso es lo que corresponde a sus creencias y a sus valores por lo tanto no podían hacerlo de un modo diferente, nos dieron lo que pudieron darnos y nos enseñaron lo que pudieron enseñarnos porque eso era lo que tenían, eso era lo que sabían pero eso no significa precisamente que sus creencias sean igual de válidas para ti.

¿Qué mente tan pequeña se necesita para creer que esa religión que yo practico es la única y la verdadera en este mundo tan lleno de diversidades? Que el resto del mundo, la gran mayoría, no es digno del amor de Dios ni de su misericordia infinita por el simple hecho de pensar diferente. No es la práctica de una religión lo que te lleva a Dios, son tus acciones y decisiones las únicas que te acercan o te alejan del camino. No le cedas a nadie el control de tu vida, así nos amenacen con el castigo del fuego eterno si no cumplimos con las normas establecidas, ¿Establecidas por quién? Creo que me he perdido esa parte de los Libros Sagrados donde dice que debemos pertenecer a una determinada religión para "salvar" el alma; Tampoco es uno de los diez mandamientos. La religión no es indispensable para la salvación del alma; ni el alma necesita ser salvada, ¿Salvada de qué? Si sólo somos almas experimentando la vida, no existe la opción del cielo o el infierno. Al final todos vamos hacia el mismo lugar y eso no depende de las velas encendidas, de los sacrificios realizados ni de la religión que practiquemos; nuestros actos, nuestras decisiones, nuestra capacidad de amar es lo que determina el tiempo que nos lleve lograr el reencuentro con nuestro origen, nuestro fin verdadero que es Dios, el amor.

No permitas que nadie limite tu derecho de buscar tu verdad, de conocer y tratar de comprender las diferentes ideologías que hay en el mundo con la viejísima amenaza del castigo eterno. Busca en todo, aprende de todos, respeta a todos y toma de cada uno lo que es mejor para tu paz interior. No permitas que alguien pretenda decirte cómo ser mejor, cómo lograr la plenitud de tu alma, cómo "agradar" a Dios. No permitas que nadie ponga información distorsionada en tu subconsciente, Tu alma conoce perfectamente el camino, sólo tienes que recordarlo y eso sólo se logra en el interior de nuestro ser. Cualquiera que se acerque con la intención de mostrártelos está igualmente perdido, todas esas personas que se llaman líderes espirituales, ministros, obispos, maestros, etc. son almas igualmente en búsqueda de su propio camino, no te llevan ninguna ventaja, están en tu mismo ambiente con nuestros mismos límites, el conocimiento de algo no les da sabiduría, si fueran sabios no estarían sujetos a ninguna regla mucho menos tratarías de que tú las siguieras, ellos claramente no han entendido aun el sentido de esta experiencia, viven de esperanzas, es decir no viven, gastan su tiempo preparándose para la vida futura y no ven pasar su vida presente. La vida tiene momentos maravillosos, emocionantes, excitantes. Dios se manifiesta a diario de manera grandiosa, pero estas tan absorto en tus expectativas, en tus ideales, en tu fantasías y en tus miedos que todos esos momentos pasan frente a ti sin que los veas, sin que los distingas, porque tú esperas un Dios que venga abriendo los cielos rodeado de ángeles al sonar de las trompetas y eso probablemente nunca suceda, Dios no hace circos, ni desfiles alegóricos, Dios se muestra a diario de forma espectacular en las cosas más pequeñas de la vida. ¡Deja de una vez por todas de creer en cuentos de brujas y manzanas y decide vivir!

Como humanos, tenemos diferentes perspectivas de las cosas, como individuos diferentes necesidades, y como almas diferentes misiones o experiencias por aprender en esta aventura que es la vida eterna. Lo que puede ser válido para ellos puede no ser válido para ti, no tenemos por qué heredar sus miedos y créeme que Dios no te va a mandar al infierno por eso. No tengas miedo de vivir tu vida sin el apego reglas pre-establecidas, no tengas miedo de decir no a cualquier religión, no necesitas saber que hay infierno para ser una buena persona ¿o sí? No necesitas temer a un castigo para hacer lo que manda el amor. Pero si tu religión, grupo social o corriente filosófica te llena, satisface tus necesidades y logra hacer de ti una mejor persona tampoco te condenara por seguir ahí. No pertenezcas a una religión porque es la que te inculcaron tus padres o por presión social y/o familiar, por comodidad, mucho menos pertenezcas a ella por temor a Dios, pertenece a Dios y ten mucho cuidado con las religiones.

Los que de verdad buscan a Dios,
dentro de los santuarios se ahogan
Proverbio árabe.

VIII.
EL EXCESO DE RELIGIOSIDAD

¿Qué es lo que realmente sientes cuando visitas un templo? ¿Tranquilidad, calma, paz, una verdadera conexión con Dios o simplemente sugestión? Te han enseñado que el templo es la casa de Dios y te hace sentir de maravilla el ir a visitarlo, tranquiliza tu conciencia, te aleja del ruido y los problemas, te ayuda a evadir el ambiente de discordia que puedes tener en tu casa, en tu trabajo, hasta te atreverías a decir que es el único lugar donde puedes sentir su presencia. Seamos francos, muchísimas personas, principalmente las que tienen exceso de religiosidad y las que regularmente visitan los templos cuando se sienten agobiados, no lo hacen más que como un escape a situaciones desagradables, porque si de sentir la presencia de Dios se trata, esa también la podrías sentir en tu casa si asumieras tu parte de responsabilidad que te toca en crear un ambiente positivo dentro de ella, la tranquilidad, la calma y la paz también se sienten en la cama y hasta en la regadera, lo que esas personas realmente buscan en el templo no es más que un escape a esa realidad que tanto les incomoda. Aprende a orar en ese templo que eres tú mismo, purifica tu entorno, suaviza tus relaciones con los demás, crea un ambiente positivo alrededor de ti, practica la aceptación y la paciencia, después de todo, el entorno que te rodea no es más que lo que tú mismo te has construido con tus propias decisiones y tus respectivas omisiones, entonces podrás sentir la presencia de Dios y esa paz que tanto necesitas sin necesidad de un visitar un templo. No necesitas ir a un templo para comunicarte con Dios, él está en la sala de tu casa en tu cuarto, en tu cocina, en tu carro, en el camión, en tu trabajo. Es grandioso que puedas sentir su presencia cuando visitas un templo pero también es verdaderamente triste que tengas que visitar un templo para poder sentir su presencia. Tal vez valga la pena analizar este punto.

Existe un común denominador entre las personas con exceso de religiosidad:

1. creen que para hablar "de Dios" hay que ponerse serios y para hablar "con Dios" hay que ponerse solemnes.

2. Son personas completamente intolerantes cualquier punto de vista con el que ellos no están de acuerdo, tanto en lo social, lo familiar y ni que decir de los religiosos.

3. No son conscientes de su propio fanatismo.

4. Todas ellas tienen en sus hogares cierto grado de desintegración familiar o disfuncionalidad.

5. Se irritan fácilmente cuando algo no va del modo que ellos esperaban.

6. Creen que Dios es un señor con barba mirándolos las 24 horas y tomando nota de lo que hacen y lo que dejan de hacer.

7. Se preocupan demasiado por quienes no creen en lo mismo que ellos porque tienen la seguridad de que Dios los va a mandar al infierno.

8. Trabajan gratis para la Iglesia "brindando su servicio" o "cumpliendo sus ministerios".

9. Invierten muchísimo más tiempo en rezar que en hacer caridad.

10. Siempre tienen una justificación para su falta de tolerancia, de respeto y de comprensión por quienes de acuerdo a ellos no actúan en conformidad a lo que "Dios manda".

¿Por qué tener la idea de un Dios solemne, de un Dios al que se le debe hablar con toda seriedad, con palabras rebuscadas, incluso de rodillas? ¿Acaso Dios no sabe de buen humor? ¿No es El un Dios de felicidad? ¿No te escucha tus palabrotas cuando estás con tus amigos, cuando regañas a tus hijos, Cuando te enojas y criticas las acciones de alguien más? ¿No te parece hipócrita el dirigirte a Él con tanta ceremonia? Dios es un Dios cotidiano al que podemos hablarle con nuestras propias palabras y en nuestro propio idioma, cuando nos sentimos cansados, tristes, alegres, frustrados, enojados, molestos, decepcionados, motivados, ilusionados y podemos hacerlo de pie, de rodillas, acostados, parados, tirados en la banqueta Él nos escucha de cualquier manera que nos acomodemos. Él no es un Dios soberbio al cual hay que hablarle sin dirigirle la mirada, al cual hay que dirigirnos solamente de rodillas, al cual hay que suplicarle, hay que humillarnos, hay que postrarnos... que idea de Dios tan humana!!

Aunque a algunas personas les cueste trabajo creerlo, el exceso de religiosidad es también una causa de desintegración familiar o en un nivel más leve, de disfuncionalidad familiar, es decir, existen personas tan absortas en la religión que olvidan que la primera y más importante misión luego del amor a Dios sobre todas las cosas es la unión familiar, personas que se preocupan más por llegar a tiempo a misa o a la celebración dominical que detenerse cinco minutos a fomentar la comunicación con sus hijos o a solucionar un problema conyugal, o peor aún, existen personas con tal exceso de religiosidad que piensan que todos su problemas familiares se van a solucionar en piloto automático por el sólo hecho de pasarse horas de rodillas frente a un altar.

La religión no es más que la parte tangible y visible que nosotros, como seres humanos buscamos para poder sentirnos conectados con Dios, Dios no necesita tus velas ni tus limosnas, tampoco te escucha primero por el solo hecho de ser quien le ayuda al cura o al ministro o quien desempolva el altar, ni tampoco por ser el coordinador del coro o la voz más fuerte a la hora de cantarle alabanzas.

De nada te sirve todo eso, ni los libros leídos, ni la Biblia de memoria si la familia, el vínculo más sagrado que Dios te ha dado se cae en pedazos mientras tú paseas a tu santito por las calles. La comunicación familiar, la buena convivencia, la paciencia y la tolerancia para quienes viven con nosotros son más poderosas que tus mil magníficas y tu rezo diario del rosario. Dios no te arreglará tus problemas por el hecho de traer un escapulario colgado del cuello, ni te hará más santo ni más digno por traer tu cabeza cubierta con un velo, no estará más contento contigo por quedarte al lado de una persona que no te ama ni te respeta, que te golpea, que te grita, que te humilla, que te es infiel, que te reduce, sólo por el hecho de estar unidos por el "sacramento del matrimonio", sacramento significa "sagrado" y existen muchísimos matrimonios que viven una vida de amor verdadero y de mutuo respeto hacia sí mismos, hacia el otro y hacia Dios, que muchos que han recibido el título de "unión sagrada" con agua bendita, anillos, flores de azahar y todo lo demás. De nada te sirve un altar lleno de velas y flores en tu casa si no construyes un altar dentro de ti, basado en el respeto y el amor tanto dentro como fuera del vínculo familiar. El divorcio no es pecado ni mucho menos mortal cuando lo que está en juego es la felicidad auténtica y verdadera a la que todos y cada uno tenemos derecho.

El agua bendita no te salva, el agua en sí es una bendición que nos da la vida aunque ningún cura haya rezado una oración sobre ella. Ni el rosario, ni el cirio pascual, ni las medallitas, ni las estampitas, ni las novenas te llevarán al cielo eso es sólo "tangibilidad" es decir, son cosas visibles y tangibles que nos hacen creer que por el hecho de tenerlas Dios va a dedicarle más tiempo a nuestros asuntos o nos va a proteger más que a los que no lo tienen. Eso al igual que la navidad, no es otra cosa que mercadotecnia religiosa. Dios no necesita de objetos ni de rezos memorizados, Dios está en ti y tú en El desde mucho antes que adquirieras todas esas ideas y creencias heredadas.

Dentro de este tema conviene hacer un espacio para las frases hechas, son esas que todo mundo repite cotidiana e inconscientemente, la mayoría de nosotros, principalmente los cristianos, hemos adoptado, además de los rezos, infinidad de frases automatizadas, que ciertamente suenan bonito pero rara vez nos detenemos a pensar en el verdadero significado, aquí hay algunas de ellas:

"Que Dios te Bendiga". Analicemos… No existen momentos en los que Dios nos bendice y otros en los que no lo hace, Dios nos bendice 24/7 es decir, las 24 horas los siete días de la semana, por lo tanto, decirle a una persona "que Dios te Bendiga" es como desearle que obtenga algo que en este momento todavía no tiene o esta como los jugadores de la banca, en suspensión temporal, quienes tienen esta costumbre argumentan que no es así, sino que es una manera de desearle el bien a alguien de la misma manera que le deseamos un buen día, sin embargo, si existen días en los que las cosas nos van mejor que en otros, no es de la misma manera con la bendición de Dios con la cual contamos en la misma intensidad todo el tiempo aun inadvertidamente; "que Dios te bendiga", dicen ellos es enviarle a alguien la bendición de Dios, ¿así como si te ganaras un bono de compensación por buenos logros en tu desempeño? Pero si la bendición de Dios ya la tenemos, solo es cuestión de no olvidarlo. Que Dios te bendiga es utilizado con las personas que van a emprender algo, desde el proyecto más complicado hasta el simple inicio de un nuevo día. Es también utilizado en las despedidas, o como una mera formalidad o muestra de agradecimiento (volvemos al ejemplo del bono). Dios te bendice, independientemente de que el día comience o caiga la noche, Dios te bendice, sean buenas o malas tus acciones, Dios te bendice aun sin que los otros lo deseen para ti. "Dios te bendice" debería ser nuestra frase, nuestra afirmación para con los demás, nuestra convicción diaria.

"Si Dios lo permite", "si Dios quiere" ¿es que hay momentos en los que Dios no quiere? El tiempo de Dios es perfecto, y cada cosa llega en su momento, no se trata de que Dios quiera o no, con esto estamos reafirmando de antemano y aun sin saber los resultados que Dios puede negarnos algo y Dios no nos niega nunca nada, cada cosa sucede en su momento y de no ser así es que no estábamos preparados para recibirlo. Si Dios quiere esto sucederá... es más fácil que decir: si esto favorece a mi espíritu y si hago lo necesario para que suceda seguro lo conseguiré con la bendición de Dios (porque ya la tenemos) y si no hay nada que este en tus manos hacer entonces no estaba en tu destino, no era un proceso a vivir en esta vida para ti, quizás en tu próximo viaje, en otra vida, en otro momento... porque los tiempos de Dios siempre son perfectos.

"¡Dios no lo quiera!" es desear que Dios cambie de opinión acerca de algo que nosotros no deseamos. Dios no cambia de opinión ni algo sucede o deja de suceder porque Él lo quiera o no. Con esta frase sólo estamos reafirmando nuestros deseos de controlar las decisiones de Dios, que nosotros no deseemos que algo suceda es muy diferente a "que Dios no lo quiera" no nos confundamos. La vida, ésta, las próximas y las anteriores, son un ciclo, los eventos y situaciones son materias que debemos aprobar nos gusten o no y Dios no va a cambiar tu destino ni te quitará las piedras del camino para evitarte cierto tipo de experiencias desagradables, porque de eso se trata la vida, de aprender a superar los obstáculos tanto como disfrutamos de los momentos felices.

"Que Dios nos ayude" Dios ha puesto todo en este mundo para que vivamos la vida de la mejor manera, para que lleguemos hasta donde queramos llegar, la ayuda de Dios nos ha sido dada desde antes de nacer, ayudémonos nosotros mismos y dejemos de esperar que Dios se ocupe de nuestros asuntos, ¡ya lo ha hecho!

Como estas existen muchas otras frases que no tienen ningún sentido, sin embargo las seguimos repitiendo a diario como mera confirmación al hecho de que todavía no nos hemos dado cuenta de la grandeza de Dios y de que decimos, actuamos y pensamos por inercia, en automático y sin tiempo para la reflexión de lo que decimos, hacemos y pensamos. Los maestros yoguis dicen que debemos aprender a ser conscientes de nuestra respiración, porque una respiración pausada y profunda nos alarga la vida temporal, aprendamos de la misma manera a ser conscientes de las bendiciones de Dios que recibimos, aprende a descansar en Dios, deja de preocuparte, de temer y de esperar. Ponte en acción a la búsqueda de lo que ya está ahí esperándote, de lo que ya Dios te ha concedido, descansemos en paz en esta vida, para que podamos descansar en paz toda la eternidad en cada una de las vidas por venir. ¡Disfruta la vida, que Dios te bendice!!

Pasando a otra cosa, hay algo que no está muy clara en cuanto a eso de los santos, las once mil vírgenes y todas esas cosas. El segundo mandamiento de los diez que "practican" los cristianos, dice muy claramente que Dios no acepta que nos inclinemos ante imágenes de ningún tipo (puedes leer el libro del Éxodo para ver la versión completa) sin embargo, por cientos de años nos han venido vendiendo infinidad de cosas, medallitas, escapularios, cuadros, estatuillas, llaveros, colguijes para el carro, etc. Eso, de acuerdo a mi criterio no son más que "imágenes" y quien diga que no se postran ante ellas que visite su parroquia el día de su respectivo santito, y si arrodillarse y pedir a las once mil vírgenes y a la sobrepoblación de santos que ha engendrado la iglesia no es inclinarse entonces que alguien venga y me lo explique. La Iglesia Católica, el mercado más próspero en este negocio, dice que eso no es adorar sino venerar, que esas imágenes se tienen como tener fotografías de nuestros seres queridos en nuestra sala y discúlpenme en esto pero yo también tengo fotografías de mi abuelo en mi sala y nunca lo pongo en un pedestal ni le pongo flores, veladoras ni agua bendita ni me le arrodillo a pedirle que me arregle la vida o que le lleve a Dios mis recaditos; él es una persona muy amada y su foto está en un lugar común y corriente y a veces llena de polvo. Que son ejemplos de vida a seguir, ¿cómo? Si la gran mayoría de las personas que le rezan a un "santo" ni siquiera saben su historia, ni por qué lo santificaron, entonces ¿Cómo puede seguir su ejemplo? Como dije antes, yo también trato de seguir el ejemplo de mi abuelo, que aunque no lo haya sido para mi abuela, para mi si era un hombre ejemplar pero no por eso lo traigo colgado del cuello, ni en el retrovisor de mi automóvil. Nos ponen imágenes, enormes estatuas en lo más alto de los cerros para que se pueda ver desde cualquier ángulo. Nos venden medallas de colección con la imagen de cualquier virgen y hasta con la del pontífice en turno, podemos reconocer fácilmente un templo católico por el simple hecho de asomarnos y ver sus paredes llenas de pedestales con imágenes de "vidas ejemplares" ¿no es eso acaso una contradicción al segundo mandamiento? Sin embargo, la religión siempre tiene una justificación para todas esas cosas que realmente no son necesarias para "llevarnos al cielo", la razón es muy sencilla: ¿Tienes idea de la pérdida económica que significaría para la Iglesia descontinuar o prohibir las imágenes?

Nos han intoxicado el cerebro con ideales y nos han llenado el álbum de estampitas, nos han puesto miles de "santos" y la lista crece a Diario, los santos no son más que imágenes y si no me equivoco la Biblia dice que Dios no permite imagen alguna, de hecho y de acuerdo a las antiguas escrituras de los judíos y los musulmanes que por cierto también viven creyendo en un Dios dictador, las imágenes están completamente prohibidas, sin embargo el cristianismo nos dice que no son ídolos e insiste en que son simple ejemplos de vida a seguir y yo veo con tristeza esas personas con medallitas de oro colgando de sus cuellos con un santo por cada lado como ejemplos de vida, ¿ejemplos de vida para quién? Porque es obvio que no para ellos mismos; siguen su vida, siguen su rutina, siguen sus conflictos, sus mentiras sus infidelidades, su intolerancia, su ceguera espiritual. ¿Por qué tratar de imitar a esas personas de las que "nos han contado"? También nos han contado mucho acerca de Batman y Robín y nadie se ha comprado un batimóvil para combatir a los malandrines. ¿Por qué tratar de ser como ellos cuando tú eres único, original e irrepetible? Acéptalo: ¡eres único y original!

Y dijo el amo al siervo:
Sal a los caminos y a los cercados,
y oblígales a entrar
para que se llene mi casa.
Lucas, 14, 23

IX.
LA SANTA INQUISICION Y LA
IMPUNIDAD RELIGIOSA

Tratare de ser lo más breve posible en cuanto a este punto puesto que este no es un libro de historia, sin embargo creo que este tema merece consideración para poder llegar al origen de nuestros miedos y poder entender en que momento la religión dejo de ser una opción y se convirtió en herencia.

En religión hay una palabra muy usada para quienes no actúan de acuerdo a las normas religiosas y creo que aunque todos la hemos oído o utilizado alguna vez muy pocos sabemos su verdadero significado, la palabra "hereje". Es una palabra derivada del griego *"hairesis"* (αΐρεσις), y del latín *"hereticus"*, que significa "elijo" "quiero" "decido" es decir "el que opina distinto", "el que tiene ideas propias" aquél o aquella persona que piensa libremente.(*¹) La "santa inquisición" que de santa no tuvo nada, fue una cacería de "herejes", es decir, los cristianos, en particular la iglesia católica, buscaba a todo aquél que pensara diferente o que eligiera algo distinto a lo que dicha religión profesaba para conseguir su conversión al catolicismo por medio de la tortura física y sicológica; Entre estas personas estaban los judíos, los musulmanes, los cátaros, los sospechosos de practicar brujería, etc. Incluso el simple hecho de ser supersticioso era motivo para llevar a una persona ante el "Santo Oficio" llevándolos al límite del dolor y del miedo pero asegurándose siempre de que la persona no muriera durante la tortura, sin embargo muchas personas fueron

---
¹ *Etimología de la Lengua Española – Definiciones sobre el origen del léxico castellano o español.*

quemadas en la hoguera vivas o muertas; Digo esto porque si por alguna razón la persona no soportaba la tortura y moría antes de ser quemado vivo igual se exhumaban y se quemaban sus huesos delante del pueblo entero de la misma manera que lo hubieran hecho si estuviera con vida, una vez muertos se les confiscaban todos sus bienes. No todas las personas corrían la misma suerte, dependiendo del grado de su falta y de si se retractaba o no de las cosas que se le acusaba. Existían penas menores pero no por eso menos inhumanas como lo era el destierro de su lugar de origen entre las más leves, las galeras, la prisión perpetua era una pena leve en comparación con la vestimenta del sambenito o saco bendito, (¿dije "bendito"?) éste era una casulla amarilla con dos cruces que la persona debía vestir de por vida, esta forma de castigo podría parecer más leve sin embargo habría que tomar en cuenta todas las consecuencias que esta conlleva, como la humillación, la burla, el desprecio del pueblo entero, la pérdida de las amistades y del empleo, el no ser recibidos en lugares comunes y todas las cosas no tan buenas que la gente les pudiera gritar cuando salían a la calle, posiblemente esto era más fuerte y más difícil de llevar que una vida de prisión perpetua alejada de las filosas lenguas y los prejuicios sociales.

Debo aclarar que "no era la iglesia" quien directamente aplicaba la pena de muerte, si después de la tortura y la consecuente declaración el reo era hallado culpable era "relajado al brazo secular" es decir, se le entregaba a las autoridades civiles para que éstas impusieran la pena de muerte en la hoguera.

Visto desde este punto de vista podría decirse que la Iglesia no les quitaba la vida a los "herejes" pero bien los entregaba a un tribunal civil para que lo hiciera. Ahora, si de acuerdo al clero, la misión principal de la iglesia católica desde su inicio ha sido la conservación de la fe, no se justifica la defensa de la misma por medio de tales actos de brutalidad hacia estas personas por causas de fe o de religión pues resulta irónico y contradictorio el defender "La Verdad" con medios tan inhumanos, pareciera que la iglesia más que defender *la verdad* quisiera imponer *su verdad* y no una verdad universal como lo es la Ley del Amor de la que Jesús hablaba. La única manera de difundir el amor y la misericordia de Dios es precisamente por medio del amor y la misericordia, no del miedo, las amenazas, mucho menos la tortura y la muerte, pues ninguna institución por mucho que se precie de cumplir los "designios de Dios" y defender su causa, tiene el derecho, bajo ninguna circunstancia, de privar de la vida a ningún ser humano. No se puede defender ningún "mensaje divino" con actos que van en contra del mismo mensaje, con actos tan aterradores, tan sangrientos, esto no es más que producto una vez más, de mentes depravadas, desviadas y sanguinarias. La inquisición surge como método para evitar el razonamiento y la expresión del pensamiento y las ideas propias. La inquisición no fue más que el producto del miedo de parte de los fanáticos religiosos de ese tiempo, una manera de expresar el pánico a que el libre pensamiento, la razón y la ciencia echaran abajo ese gran imperio que a la religión le había llevado tantos siglos construir. Dios no juzga ni condena, mucho menos de una manera tan brutal es la iglesia quien se ha adjudicado ese poder actuando en contra de la ley del amor valiéndose de la ignorancia de los creyentes. Te invito a que averigües por tus propios medios, a que conozcas un poco más de cerca la historia mundial, te asombraras al darte cuenta que más que los conflictos políticos han sido las religiones la causantes de millones de muertes y cientos de guerras que han llegado a durar hasta medio siglo como es el caso de Irlanda, su historia es una de las mejores muestras de crimen e intolerancia en la que la religión juega el papel principal para la conservación del poder.

LAS "GUERRAS SANTAS" en algunos casos también llamadas "cruzadas". Ocho cruzadas entre la iglesia católica y los musulmanes, 196 años de guerras absurdas y ambición religiosa, de crueldad, de masacre de enfermedad y de hambre, es otro claro ejemplo de la intolerancia religiosa, miles de personas perdieron su vida en ella. Se le da el nombre de "Guerra Santa" porque está justificada por razones religiosas. De acuerdo a la religión era una guerra ordenada por Dios y la Iglesia otorgaba indulgencias plenarias (algo así como una garantía de entrada al cielo) a quienes fueran a luchar por su causa y quien perdiera la vida en ello tenía asegurada la vida eterna.

Por muchos años se llevaron a cabo las llamadas cruzadas entre católicos y musulmanes, debatiéndose el control sobre "Tierra Santa" alegando el derecho de "Legítima defensa" en una guerra "ordenada por Dios", algunas veces contra musulmanes, judíos, mongoles, etc. y contra todo aquél que tuviera cualquier clase de conflicto con el Papa. En ellas, miles de personas perdieron su vida, tanto cristianos como de cualquier otro movimiento religioso a los que solían atacar.

¿No es increíble que pueda haber personas capaces de creer que irían al cielo por quitarle la vida a sus semejantes? ¿No es aún más increíble pensar que Dios era quien ordenaba estas guerras? De la misma manera que nadie puede llevarte a la fuerza a una fiesta, tampoco la iglesia puede obligarte a adherirte a algo que no encaja en tus convicciones, ¿qué no es el respeto al libre pensamiento una forma de aceptación y de amor al prójimo que la religión tanto profesa? Una vez más, ¿Dónde queda pues el libre albedrío que Dios nos ha dado? ¿Con qué autoridad la religión se adjudica el derecho a quitarnos los dones que Dios mismo nos ha regalado?

La intolerancia es la respuesta
del hombre ante lo desconocido,
lo odiado o lo envidiado.

X.
EL RESPETO POR
LA DIVERSIDAD DE LAS IDEAS

Una de las características de la mayoría de las religiones es la falta de aceptación y de respeto a la diversidad de creencias. Es un aspecto que no forma parte de su cultura religiosa. La función de las religiones es buscar el bienestar y la paz espiritual de quienes las profesan y hacer lo posible por lograr lo mismo con el resto del mundo, sin embargo, aun cuando todas las religiones dicen buscar el bien, no se toleran entre ellas. La mayoría de las religiones, filosofías o modos de vida de los países orientales no tienen este problema, están abiertos no sólo a escuchar si no a conocer las doctrinas de las diferentes religiones para poder así tomar de ellas lo que consideren les pueden ayudar en su propia búsqueda de la verdad. No es de la misma manera en las religiones occidentales y cristianas, estas se critican y se juzgan entre sí como una forma de ataque pasivo en lugar de tratar de formar un sólo cuerpo, de unir fuerzas y lograr acuerdos. No se nos enseña a respetar la libertad de elección que todos y cada uno de nosotros tenemos como hijos de Dios y eso incluye también nuestro derecho a elegir lo que creemos y lo que no, lo que aceptamos y lo que rechazamos, siempre y cuando eso no signifique juicio, crítica, daño, destrucción y/o el ataque a las decisiones de los demás.

Elegir diferente es derecho de cada quien, no debería ser motivo de discordia sino de respeto y aceptación pacífica.

La tolerancia religiosa entra dentro del respeto a la diversidad de ideas, desafortunadamente este es otro tema que tampoco entra dentro de la cultura religiosa, paradójicamente, la religión es increíblemente intolerante ante la libertad de expresión y de la toma de decisiones personales. Durante muchos años, el cristianismo, en particular el catolicismo, intento establecerse como forma única de existir, para ello se libraron muchas guerras en las que miles de gentes perdieron su vida en algunos casos luchando por una causa religiosa y en muchas otras fueron víctimas del cristianismo por profesar una religión diferente o por el simple hecho de tener puntos de vista que diferían de lo que dicha religión profesaba, como ejemplos tenemos las llamadas "Guerras Santas" las Cristianas y la "Santa" Inquisición..... ¡Santo Dios!

Con estos antecedentes de los inicios la difusión y la implantación del cristianismo, no es de extrañarnos que las generaciones anteriores creyeran y practicaran sin cuestionarse absolutamente nada de lo que el cristianismo profesaba, pues de ser así, su suerte estaba echada, ese mismo miedo con grado de terror fue el factor más determinante y el modo más eficaz para que el cristianismo fuera transmitido de generación en generación. Sin embargo en nuestros días, con los avances de la ciencia y la tecnología dichas amenazas ya no tienen ningún poder, ya no existen y lo que tenemos son simplemente miedos heredados y la costumbre de no cuestionar, ya no por miedo, sino por comodidad y hasta por flojera. Somos libres, sólo es cuestión de atrevernos a vivir esa libertad y a aceptar que Dios no se mete en nuestros asuntos para premiarnos o castigarnos ni decide por ti para que hagas una cosa u otra ni te obliga a creer en una cosa o en otra. El sólo te ama y si por creerme digno de la misericordia de Dios y tener la plena seguridad de que Dios jamás me enviaría un castigo se me puede considerar "hereje", de igual manera tengo el derecho yo de reservarme mi opinión de quienes creen todo lo contrario. En un análisis profundo yo estoy creyendo en el amor infinito de Dios, en cambio ellos limitan a Dios a la pequeñez humana, un Dios con la incapacidad de mostrar misericordia, totalmente falto de amor y de piedad, cuando está a todas luces claro que Dios muere de amor por ti, por mi y por ellos.

Aun en pleno siglo XXI existen religiones que han elaborado "listas de libros prohibidos" es decir, cualquier escrito que atente contra cualquiera de las "verdades" o dogmas de la iglesia queda rotundamente prohibido. De la manera más arbitraria se nos hacen todo tipo de prohibiciones de libros, canciones o películas, como sucedió en México con "El crimen del padre Amaro", en Estados Unidos con "El Código Da Vinci" so pena incluso de excomunión y lo más triste de todo es que ha habido una cantidad enorme de personas que han aceptado estas imposiciones, algunas por miedo a las represalias de la iglesia y algunas otras porque verdaderamente creen que en realidad estas películas son un atentado contra Dios, cuando todos en el fondo sabemos que muchos de los temas de las películas prohibidas lo único que intentan es abrirnos un poquito la razón; Son una invitación a la búsqueda de la verdad y tienen un trasfondo mucho más profundo del que se nos muestra en cada una de sus escenas y que en particular "el Crimen del padre Amaro", es el pan de cada día.

Como ya lo dije muchas personas aceptan esas prohibiciones por miedo a ser expulsadas de sus comunidades religiosas pero veámoslo desde el otro lado del patio: Las personas, nosotros, como seres humanos, atacamos cuando sentimos que una situación nos sobrepasa o se nos sale de las manos, eso no es más que un mecanismo de defensa natural, es una más de las expresiones del miedo. Cuando una persona, con sus acciones o palabras pone en riesgo nuestra estabilidad emocional, laboral o familiar la primera reacción que tenemos es de contra-ataque, cuando la situación es más grande de lo que nosotros podemos manejar nos inquietamos, nos molestamos y comenzamos a buscar la manera de evitar el daño y regularmente lo hacemos de manera agresiva y prepotente para esconder el miedo que realmente sentimos; Es decir, el miedo es lo que nos pone en acción, es lo que nos hace reaccionar. Lo mismo pasa con la religión, reaccionan con prohibiciones y amenazas porque es su forma de manifestar y al mismo tiempo esconder sus más grandes miedos. Quien nada debe nada teme, entonces, ¿Por qué la prohibición? ¿Porque las amenazas de excomunión? Si la verdad siempre ha de salir a la luz, ¿Cuál es el miedo? Incluso si eso no fuera más que un ataque contra la fe, ¿Es que no hay que poner la otra mejilla? ¿O es muy grande la diferencia entre enseñar esa frase tan bonita y ponerla en práctica o es que esa frase no se aplica a la Iglesia misma, sólo a sus feligreses? ¿No será que reaccionan así porque temen que la situación se les salga de control? ¿Te has preguntado alguna vez porqué el Vaticano tiene archivos secretos? Eso se entiende si estuviéramos hablando del FBI, de la CIA o de cualquier otra institución de investigaciones. Pero, ¿de la Iglesia? ¿Qué puede ser tan peligroso para ellos, qué puede representar tal peligro como para conservar por años esos archivos a los que ninguno de nosotros, ni siquiera la mayoría de sus propios sacerdotes tiene acceso? ¿No debería ser acaso una de las instituciones más claras y transparentes de este planeta puesto que representa la verdad? Entonces, ¿Por qué mantener la verdad en secreto? Tal vez sea que ellos más que nadie saben que la verdad nos hará libres y si la verdad nos hace libres se acaba el negocio, ¿Cómo nos venderían entonces los escapularios, el agua bendita, las indulgencias, las intenciones, y toda esa chachareria que representa el pertenecer y creer en una religión? El día que decidas despertar y reconocer que nada de esto es necesario para la elevación de tu alma, que nadie puede abrirte ni cerrarte las "puertas del cielo" que no son tus rezos los que te harán conocer la Gloria de Dios, se acaba el negocio.

La religión no tiene más poder que el que nosotros estemos dispuestos a concederle y muchas de las veces le damos demasiado. Tú eres el verdadero poder de la Iglesia, ella no puede regir tu vida si tú no se lo permites, la Iglesia sin ti no tiene ningún poder, pues basa su autoridad en tu consentimiento, será tan fuerte como tú se lo permitas, controlará tus acciones, tus pensamientos y tu vida tanto como tú estés dispuesto a ceder. El día que tú comprendas que Dios está en ti y no en los templos la Iglesia dejará de ser lo que ha sido hasta ahora… y tú también.

El Taoísmo, el Confusionismo y el Budismo son las tres principales tradiciones espirituales de China las cuales con el tiempo, lejos de atacarse mutuamente han encontrado una perfecta armonía como tres versiones de una misma verdad; No proponen un código de comportamiento; no establecen normas morales y rígidas que asfixian la espontaneidad, no enseñan con palabras ya que el sabio enseña sin hablar", no dan recomendaciones morales; su enseñanza se basa en su modo de actuar. No se complican ni le dan valor a la vida social en el aspecto superficial, simplemente tratan de llevar una vida de la manera más natural posible. Tratan de que cada impulso natural tenga una causa digna, sin ninguna clase de control excesivo. No se sienten indignos ante la majestad de Dios, ni tratan de destacar, es decir, tienen la mente abierta, liberada de la cerrazón mental; saben escuchar, no se obsesionan, viven con lucidez y tranquilidad, son humildes, sin pretensiones; saben que la felicidad consiste en las cosas pequeñas y les ayuda a avanzar en el camino de su propia elevación espiritual; Consideran que el egoísmo es la raíz de muchos males, no abusan del universo que le ha sido confiado, su misión es estar a disposición del Universo para su propio bien. ¿No te parece difícil de creer que alguien que siga estos conceptos pueda estar condenado al infierno por el simple hecho de llevar un modo de vida sin las ataduras de una religión?

Todos nosotros como seres humanos tenemos la necesidad de creer en algo y se nos facilita mucho más cuando este algo es visible y tangible, algo que podamos ver y tocar. Por eso es muy válido que busquemos respuestas en los templos y de esta manera la Iglesia se adjudique su poder sobre nuestras vidas y nuestras decisiones, pero a través de los años la Iglesia ha tergiversado ese poder con la finalidad de mantener su jerarquía. Esa Iglesia cuya función debiera limitarse únicamente a los asuntos espirituales, se ha corrompido, se ha llenado de ambición de poder, ha cometido abusos, asesinatos, violaciones a los derechos más básicos de la humanidad, se ha adjudicado el derecho a regir nuestras vidas, a controlar nuestros actos ha perdido su misión original para lo cual se supone que fue establecida, ha pasado de ser un medio de consuelo, de instrucción, y de propagación del reino a tener el control casi total de todas y cada una de nuestras acciones. Se ha politizado, se ha prostituido, se ha materializado, ha sido el mayor obstáculo para el desarrollo de la ciencia porque reconoce en ella a su peor enemigo: la búsqueda de respuestas por medio del razonamiento, lo cual podría en unos cuantos años echar abajo todas esas historias que nos han venido contando.

Un guía Espiritual no es aquel que te impone reglas, te prohíbe o te autoriza mucho menos te obliga a adherirte a ninguna ideología, un guía espiritual jamás atentaría contra tu libertad de decisión, mucho menos tratará de regir tu vida y tus acciones. Los guías espirituales no basan su enseñanza en libros ni en métodos, enseñan con acciones, con templanza, con paciencia y sobre todo con respeto, no con palabras; No pierden el tiempo en cultos religiosos, convenciones ni cumbres políticas, no necesita asistir a un templo, se sabe Templo de Dios y actúa en consecuencia. La Madre Teresa es un claro ejemplo de eso, ella dejó sus hábitos de monja y adoptó el sari hindú y se fue a las calles de Calcuta a curar enfermos, a darle consuelo a los moribundos, decía que si ella se detenía a escuchar a los predicadores y a los políticos se le morían sus enfermos y ese era un lujo que ella no se podía dar.

Gandhi es otro ejemplo de liderazgo. A pesar de profesar el hinduismo, no estaba de acuerdo con muchas de sus ideas, como el sistema de castas, el cual determina el valor de una persona de acuerdo al nivel de la casta a la que pertenece. Tenía dos metas muy claras, la liberación de la India y la igualdad de castas, logró ver la independencia de la India y se hizo famoso por logarlo por medio de la "no resistencia" la única persona en este mundo que logró movilizar a un pueblo y lograr su independencia sin armas ni violencia, por medio de la más absoluta paz; Tristemente, cuando esto se pudo lograr la religión fue el más grande obstáculo para la paz que él deseaba y se dio una división tan grande entre el hinduismo y el Islamismo que dio origen a un nuevo país: Pakistán (apenas en 1948), quedando del lado de la India los Hindúes y del lado de Pakistán los musulmanes quienes hasta la fecha siguen en conflicto religioso. ¿No es una pena?

En cuanto a las ideas científicas, el mejor ejemplo es Charles Darwin. Por muchos años, la Iglesia ha juzgado a Darwin como un hereje, por presentar su Teoría de la Evolución, prohibió sus libros, lo excomulgó, aun cuando estuvo a un paso de llegar a ser sacerdote de la Iglesia Episcopal, lo cual prueba que Darwin realmente creía en la existencia de Dios, no era en lo más absoluto un ateo. Después de muchos años de condena al silencio y difamación de su persona y sus teorías, la Iglesia Anglicana por fin ha aceptado la Teoría de la Evolución de Darwin y en el 2008 dicha institución escribió una carta póstuma en la cual acepta su teoría y pide perdón por los daños ocasionados a su persona, cosa que no ha sucedido con Iglesia católica Romana quien hasta el día de hoy no reconoce su teoría.

Cosa muy similar sucedió con Galileo Galilei, científico astrónomo matemático que tuvo la "osadía" de asegurar que la tierra no era plana sino esférica, y que era ésta la que giraba alrededor del sol y no al contrario. La iglesia lo obligó a negar sus afirmaciones frente a un magistrado para no poner en riesgo sus afirmaciones las cuáles daban credibilidad a la historia de Josué quien pidió a Dios detener al sol para poder así vengarse de sus enemigos. De aceptar la teoría de Galileo, ésta y muchas otras historias no tendrían lógica ni credibilidad alguna, como no la tiene hasta ahora para quienes hacemos uso de la razón Galileo se retractó de sus afirmaciones para poder salvar su vida que de otra manera hubiera sido sentenciada a muerte en la hoguera como muchos otros "herejes" víctimas de la Santa Inquisición. Sin embargo no se salvó de la condena de prisión perpetua la cuál fue luego suavizada y se le condenó a retirarse a vivir en un pequeño pueblo, guardar silencio y se le obligó a renunciar al estudio y la observación del cosmos, cosa que nunca obedeció ni aceptó; Pedirle a Galileo que se dedicara a otra cosa sería en nuestros días como pedirle a Bill Gates que se dedique a fabricar zapatos. Galileo murió ciego tratando de abrirnos los ojos, sin embargo, no fue hasta 359 años después de la sentencia de la Inquisición, que Juan Pablo II pidió perdón por la condena injusta de Galileo Galilei y lo "rehabilitara" para "de paso" presentar el libro: "Copérnico, Galileo y la Iglesia" en el que se establece que afirmar que la Tierra gira alrededor del Sol no es blasfemia. ¿Es que teníamos que esperar que el Papa lo aceptara públicamente para creerlo? Yo lo tomo como una ofensa más a nuestra inteligencia, no sé cómo lo tomes tú.

La ciencia no hace más que mostrarnos lo que ya existe, lo creado por Dios, el aspecto infinito del universo, es imposible descubrirlo todo en unos cuantos años. La ciencia no va de ninguna manera en contra de Dios, pues Dios es la ciencia misma, el uso y el abuso que el hombre hace de ella es otro cantar. Estos son sólo algunos ejemplos de cómo la iglesia se pasa por el arco del triunfo nuestro derecho al libre albedrío y la libertad de pensamiento defendiendo a como dé lugar lo que ellos consideran "sagradas escrituras".

En nuestros días, podemos ver innumerables casos de todo tipo de abusos y crímenes cometidos por cantidad de sacerdotes quienes irónicamente son protegidos por estas mismas instituciones, las cuales se supone deberían ser un ejemplo de integridad y de justicia para con el más desprotegido. Infinidad de niños a quienes se les ha robado su inocencia, hogares destruidos, padres de familia que buscando la instrucción religiosa de sus hijos los han puesto en manos de verdaderos depredadores sexuales quienes han traicionado su confianza. Un buen ejemplo lo tenemos en el caso del Padre Marcial Maciel, quien durante muchos años y escudado en su calidad de director de una de estas instituciones de enseñanza religiosa cometió abuso sexual contra menores en muchísimas ocasiones. Sin embargo, en el 2006 cuando se destapó el escándalo seanunció el cierre de la investigación sobre Maciel, debido a su avanzada edad y quebrantada salud ordenándole el retiro del sacerdocio público para consagrarse a una vida de «oración y penitencia». Para terminar de demostrar su falta de interés en el tema en el viaje misionero del Papa a México para fortalecer el pontificado y "la fe del pueblo" en marzo de 2012, se les negó una audiencia a las víctimas de abuso sexual en este país durante su estancia de 3 días aludiendo que el tema "no estaba estipulado en la agenda". ¿De qué manera se puede fortalecer una fe con estas muestras de desinterés por los asuntos que afectan el punto más frágil de la comunidad religiosa como lo son los niños y la familia? Esto no sólo muestra su falta de compromiso sino que actúa de manera irresponsable y hasta servil.

En los últimos años, medios de prensa y algunas otras instituciones han dado conocer innumerables casos de quejas de abuso sexual contra muchos de los ministros eclesiales, sin embargo, no a todos se les ha dado una respuesta ni la atención que merecen, la Iglesia ha rechazado muchas denuncias así como también ha gastado millones de dólares enindemnizaciones de los casos que han prosperado debido a su gravedad y que por alguna razón las cosas se les han salido de control, ese control al que ellos están tan acostumbrados. Muchos otros países tales como Holanda, Irlanda y Alemania han iniciado casos de investigaciones de la misma índole con resultados similares. Esto sin contar todos esos países subdesarrollados en las que la ley es muy precaria y se vende al mejor postor y en los cuales las creencias religiosas y por lo tanto los miedos, están mucho más arraigados en sus habitantes.

La BBC de Londres en su página de internet tiene un amplio estudio de los casos más conocidos alrededor del mundo titulado "Cronología de los escándalos de abuso sexual dentro de la Iglesia Católica", nos muestra el número de víctimas, el tipo de delito de los abusos cometidos y en algunos casos las millonarias cifras pagadas por la iglesia a los demandantes a nivel mundial para enterarte de casos muy interesantes que muy a pesar de la iglesia y gracias al avance de la ciencia y la tecnología ahora podemos difundir para hacer conciencia del tipo de manejo que esta institución ha venido dando al mensaje de Cristo. ¿Entiendes ahora porque la iglesia no está muy de acuerdo en el avance de la ciencia y la tecnología? Ellos lo ven como una amenaza, yo lo veo como una oportunidad enorme que Dios nos ofrece para que por fin abramos los ojos ante lo que sucede, dejemos de dejarnos guiar por ciegos, analfabetas espirituales, carentes de amor y respeto por la humanidad y de una vez por todas comencemos a buscar nuestra propia verdad en el interior de nosotros mismos y no en el vacío espiritual de un templo religioso.

Hemos hablado antes de cómo la Iglesia se encargaba de buscar, encontrar y castigar a todo aquél que no actuara de acuerdo a sus ideas para luego "relajarlos al brazo secular", en otras palabras, entregarlos a las autoridades civiles para que ellos se encargaran de hacerles pagar por sus faltas, llegando incluso en algunas ocasiones hasta quemarlos vivos en la hoguera. Ciertamente, sabemos también que no es a nosotros a quienes nos corresponde juzgar los actos de los demás, sin embargo, una cosa es hacer juicios sobre hechos o acciones simples que afectan temporalmente nuestras vidas y otra cosa muy diferente es permanecer indiferentes ante situaciones que atentan contra la dignidad humana y la estabilidad emocional de dichas víctimas, sobre todo cuando se trata de personas, en este caso niños incapaces de defenderse por sí mismos y presionados a cometer actos en contra de su voluntad, valiéndose de su inocencia y sobre todo de la ignorancia de quienes tienen en sus manos la obligación de protegerlos en todos los aspectos, emocionales, sociales, educativos y espirituales. Hay una enorme diferencia entre lo que la iglesia considera un "pecado" y lo que es un delito. Estas personas que se supone que tienen bajo su responsabilidad el fomentar el amor, el bienestar y la espiritualidad de sus comunidades definitivamente deben enfrentar el peso de las leyes civiles y ser juzgadas por su delito para detener y poner fin a este tipo de abusos. Como hijos de Dios nos corresponde perdonar y ser tolerantes, pero de la misma manera, estamos obligados a denunciar las injusticias y los abusos, ejercer todo el peso de las leyes civiles en contra de quien, abusando de su condición de líderes espirituales comete las más grandes atrocidades en contra de los más indefensos.

No hay lugar para la indiferencia frente a este tipo de actos depravados, no nos podemos permitir que las instituciones religiosas sigan tapando este tipo de delitos con indemnizaciones millonarias y permitiendo a esas personas seguir ejerciendo como "líderes espirituales"; Un traslado de parroquia no es suficiente, porque generalmente eso es lo que sucede cuando algún caso es destapado en alguna comunidad, "esconden" a sus sacerdotes, pastores o ministros en comunidades menos visibles manteniéndolos de esta manera protegidos de la autoridad civil ante la cual deberían responder por sus delitos. Quien abusa psicológica, física o sexualmente de un menor es un enfermo mental y no por haber sido trasladado a otro lugar dejará de hacer lo que sus instintos enfermos le mandan. Estas personas deberían, sin lugar a duda "ser relajados al brazo secular" para cumplir las condenas correspondientes, evitando así, la posibilidad de entrar en contacto con más posibles víctimas y seguir actuando de la manera que lo hacen. Por más que las religiones se empeñen en establecer jerarquías no hay ninguna diferencia entre un laico y un clérigo, por lo tanto merecen ser juzgados de la misma manera ante la ley sin ninguna consideración especial; Algunos se preguntarán, ¿y la misericordia? La misericordia en este caso es para las víctimas inocentes de estas mentes depravadas, que por lo regular son niños inocentes e incapaces de defenderse y defender sus derechos por ellos mismos, derechos que incluso, muchas veces ignoran, es a nosotros a quienes nos corresponde tener misericordia de ellos y velar por ellos. En cuanto a la misericordia hacia el ofensor, ésta consiste en aplicarle una condena justa, sin tortura de ningún tipo y sobre todo respetándole su derecho a la vida, cosa que no hacía la Iglesia en los tiempos de la "Santa Inquisición". Tanto la justicia civil como la misericordia divina son un derecho y una obligación de todos y para todos, sin importa el estatus social, la jerarquía, la edad, el sexo, la profesión ni la religión. Lo peor y verdaderamente triste, es que hemos decidido permanecer con los ojos cerrados ante tanta injusticia y tanta arbitrariedad por parte de esas instituciones, las hemos defendido con colmillos y dientes y no es porque estemos verdaderamente convencidos de que lo que se dice de ellas son calumnias, porque en muchos de los casos hemos sido testigos en primer grado, por no decir víctimas, de dichas atrocidades, humillaciones y abusos de poder, sino porque en cierto modo seguimos anclados al miedo que han sembrado en nosotros o a la comodidad que implica el no tener que ir en contra de lo establecido y defender nuestras propias ideas, se acusa a quienes nos hemos atrevido a levantar las voces de hacer leña del árbol caído y se justifica diciendo que no se debe juzgar un todo por las acciones de uno solo, pero si somos realistas y honestos con nosotros mismos sabemos que el árbol caído es ya una tala indiscriminada que con tal cantidad de leña podríamos bien levantar ciudades. Es un hecho curioso de las religiones que cuando alguno de sus ministros, pastores o sacerdotes abusan de sus feligreses, de una u otra manera el resto sale a la defensa diciendo que no se juzgue a uno por todos, que confiemos en que el resto de los que quedan son buenos y ejemplares, sobre todo el de nuestra parroquia en particular y sigamos creyendo y siendo felices metidos en una ratonera, donde no sabemos quién de nosotros será el siguiente en pisar la trampa.

Toma consejo de uno que piense como tu
y de otro que piense lo contrario,
luego forma tu propia opinión
y toma tus decisiones.
Rocío Gaxiola-Shaheen.

XI.
LA INFLUENCIA RELIGIOSA EN LA
TOMA DE NUESTRAS DECISIONES

Ninguna salida, religión, medicina, terapia, adicción, compañía o aislamiento te llevará a ninguna parte, ninguna filosofía, ningún templo, ninguna persona te hará llegar te hará lograr la plenitud de tu alma a menos que tu asumas el 100% de tu responsabilidad y actúes en base a ello. Tu vida sólo depende de tus decisiones presentes y muy personales. La religión cumple la misma función que las fronteras, está ahí para darte un sentido de pertenencia, una falsa sensación de seguridad y para definir las líneas divisorias no para salvar tu alma. Cuando decidas tomar el control de tus propios actos y decisiones y de una vez por todas reconozcas que es dentro de ti donde puedes encontrar la paz espiritual, te darás cuenta de que tu alma no necesita ser salvada y de que eres tú el único responsable de tu vida presente y de todas las que están por venir. Cuando lo logres no será necesario darle cuentas a nadie de tus actos, pues Dios que todo lo ve y vive dentro de ti es testigo ocular de todos y cada uno de tus actos y pensamientos, no necesita intermediarios ni explicaciones. Aprende de una vez y por todas a tomar tus propias decisiones.

El hombre por naturaleza tiene una necesidad de asociarse con sus semejantes, Es una necesidad de pertenencia, de convivencia; En el mundo animal sucede algo muy parecido, ellos se agrupan en manadas para buscar alimento, para emigrar, para protegerse unos a otros, pero nunca para invadir el espacio vital del otro, luchan, se desarrollan, avanzan pero no se dominan entre sí, esta característica meramente humana, la necesidad de control y de mando, pero sobre todo la falta de responsabilidad personal, es lo que da origen a instituciones capaces de controlar nuestros actos, nuestro desarrollo, nuestras decisiones y nuestro destino. Adquirimos, consciente o inconscientemente ideales ajenos, costumbres y creencias que no nos pertenecen y en algunos casos ni siquiera conocemos a profundidad, sólo por la comodidad que representa el seguir a alguien en lugar de abrirnos nuestros propios caminos. La necesidad de filiación y de pertenencia ha cobrado un alto costo en nuestra evolución, tanto en lo social como a nivel personal, muchas de las decisiones que tomamos en nuestras vidas están consciente o inconscientemente basadas en los esquemas aprendidos, en las reglas establecidas, tenemos miedo de decidir por nosotros mismos y cuando lo hacemos nos cae encima un mundo de críticas y juicios de parte de las personas que todavía siguen viviendo en la ignorancia y bajo el yugo de su religión. La religión es el cloroformo del razonamiento, controla todas las áreas de nuestra vida, influye en muchas de nuestras decisiones, acciones y omisiones porque muchas veces dejamos de hacer cosas que verdaderamente deseamos o necesitamos por miedo a los juicios religiosos.

¡QUEDA PROHIBIDO!

Uno de los aspectos muy personales en nuestra vida en el que, prepotentemente, la religión impone sus reglas es la planificación familiar. La iglesia prohíbe, terminantemente, el uso de preservativos para evitar el embarazo, pues de acuerdo a su muy arcaica forma de pensar, es pecado ya que debemos aceptar los hijos que Dios quiera mandarnos; Como si ellos se fueran a hacer responsables por la cantidad de hijos que tengamos o como si esa fuera la única función del preservativo, ¿y el VIH?, ¿y las enfermedades de transmisión sexual, sífilis, gonorrea, clamidia, herpes genital, VPH, etc.? Si bien lo ideal sería que todos fuéramos fieles y que a lo largo de nuestra vida solo tuviéramos relaciones sexuales con nuestra pareja, en la realidad esto no está ni cerquita de suceder y que mejor que un preservativo para proteger nuestra salud y la de nuestra pareja, además, no hay razón para la preocupación de todas esas religiones, pues si en caso de que de verdad fuera Dios el responsable de tomar las decisiones no creo que tuviera ningún problema en romper un condón. Es urgente para las religiones, el adaptarse a los cambios, una sociedad en constante desarrollo no puede estar sujeta a la inflexibilidad religiosa, para las próximas generaciones, el tener relaciones sexuales con una sola persona durante toda la vida será casi una utopía, y ni hablar de las parejas *gay* que son cada día más comunes en nuestra sociedad, el simple uso de un preservativo no puede condenarte y en cambio sí puede ahorrarte mucho sufrimiento por muchas diferentes razones. Dios no puede estar en contra de la planificación familiar, que no es lo mismo que el aborto, ni puede ofenderse o castigarnos por el hecho de que decidamos ser responsables en la protección de nuestra salud.

Por otro lado están los testigos de Jehová, asociación religiosa que prohíbe las transfusiones sanguíneas aun si de esto dependa la vida de la persona. El permitir la muerte de una persona por negarnos a la posibilidad de una transfusión de sangre es delito y ya hemos hablado de la diferencia entre delito y pecado. En los Estados Unidos y en algunos países europeos, algunas madres han ido a la cárcel por dejar morir a sus hijos de inanición (la forma más extrema de desnutrición), son mujeres con una vida inestable, sin empleo, muchas veces con adicción a las drogas, inestabilidad emocional y/o psicológica y problemas de adaptación social; Estas personas son juzgadas por el delito de homicidio por omisión, es decir, estar consciente que la persona está muriendo, conocer la manera de evitarlo y no hacer nada para impedirlo, es lo mismo cuando alguien muere por no permitir la transfusión sanguínea, y en este caso se supone que son personas sin ningún problema emocional, drogas o de adaptación social, lo que agrava la situación porque se encuentran en su sano juicio y su decisión está basada simplemente en ideas e imposiciones religiosas porque de acuerdo a ellos es Dios mismo quien prohíbe esta práctica. Nadie puede venir a decirnos que debemos morir o dejar morir a uno de nuestros seres queridos porque Dios así lo quiere, si así fuera Dios no habría puesto a nuestro alcance, en ningún lugar del infinito, el conocimiento para lograrlo. La ciencia, es el medio que Dios nos ha dado para hacer "milagros" cuando nuestra fe no es suficiente, no se puede dejar morir a una persona bajo ninguna justificación ya que la libertad religiosa no puede ni debe estar por encima del derecho a la vida.

Las anteriores son dos de las más importantes decisiones que en nuestra vida se ven afectadas por la influencia religiosa pero existen miles de ejemplos en todas y cada una de las religiones del mundo algunas con consecuencias menores como los rastafaris en África que prohíben cortarse y peinarse el cabello, los musulmanes que prohíben comer cerdo y a las parejas se les prohíbe tener cualquier tipo de contacto físico en lugares públicos aun estando casados, los judíos que tienen prohibido trabajar el sábado, los pentecostales que prohíben a la mujer el uso del pantalón, los Testigos de Jehová no pueden practicar deporte de forma profesional o en competencias ni cantar el himno nacional o saludar a la bandera nacional... la lista es interminable ¿Cómo puede una institución religiosa decirte con la mano en la cintura lo que puedes o no puedes hacer con tus decisiones personales?, ¿Cómo puedes tú, permitirle invadir tu espacio a tal nivel?, ¿Con qué autoridad se infiltran en nuestra vida como si fuéramos de su propiedad?, ¿En qué basan su autoridad?, ¿Qué es lo que te hace a ti, permitir tal invasión de tu privacidad? Convendría que lo analices antes de pasar al siguiente tema.

La creación continúa su proceso a cada segundo, imperceptible e imparable.
Cada momento es un momento de creación con infinitas posibilidades.
Cada momento es una nueva oportunidad para vivir en la Gloria o para salir del infierno.
Rocío Gaxiola-Shaheen.

XII.
LAS SAGRADAS ESCRITURAS

La cultura china a pesar de no tener religión, pues ya hemos aclarado que el Budismo no es una religión sino una forma de vida, tiene muchísima mitología y en esos relatos hay una historia algo similar y al mismo tiempo muy diferente a la que nosotros conocemos de Adán y Eva acerca del origen de la humanidad.

En el cristianismo, Dios da orden al caos, separando el cielo de la tierra; Luego crea al hombre, se arrepiente de haberlo hecho y lo condena al destierro. En la mitología oriental, igual hay una historia en la cual, existe un mundo caótico al que los dioses le dieron forma y separaron los elementos y luego crearon a la humanidad haciendo muñecos de barro y de madera y les infundieron la vida con un soplo. En uno de esos mitos se habla de un mono, el cual en la cultura china juega un papel muy importante, en esta historia de la mitología china este mono era completamente irreverente y un día se metió al jardín de los dioses y se comió los melocotones de la inmortalidad (¿que no era una manzana?). Los dioses como castigo decidieron darle una lección al mono enviándolo al lejano occidente (al igual que el destierro en el Génesis).

Tomando en cuenta que el lejano occidente somos nosotros y que en tiempos de ese mono no había barcos ni aviones, esto representaba para el mono una travesía verdaderamente larga, llena de toda clase de experiencias. Como castigo, el mono tenía que traer los manuscritos de la sabiduría, para poder reconciliarse con los dioses; En su camino se iría encontrando con genios y demonios que le ayudarían o le obstaculizarían en su caminar en el viaje.

En cierto tramo de su camino los dioses retan al mono a ir más allá de los límites de la mano de Buda. Y emprende un viaje larguísimo; A veces cansado, a veces desorientado, pero el mono era muy orgulloso y no desistía en su reto. Después de años de caminar y sortear toda suerte de obstáculos, llega hasta la cima de una montaña, el mono celebra sintiéndose vencedor; escribe en una de las pirámides una leyenda para dejar prueba de haber llegado hasta allá, cuando esto sucede Buda cierra su mano y el mono se da cuenta que sólo había logrado llegar a la punta de uno de los dedos de la mano de Buda, entonces Buda voltea su mano y lo regresa a al mismo lugar donde comenzó para que comience de nuevo. El mono, muy molesto hace el viaje de nuevo encontrándose con una gran cantidad de genios y demonios a lo largo del camino. Después de sortear todo tipo de aventuras, al fin logra llegar al lejano occidente y encuentra los manuscritos de la sabiduría, por los cuales había tenido que realizar tan tremendo viaje. Cuando esto sucede el mono descubre que los manuscritos están en blanco, pues no hay ni una sola palabra en ellos. El mono se siente burlado por los dioses y decide regresar a su lugar de origen para reclamar a los dioses pero conforme va avanzando de regreso, cargando con los manuscritos, las letras comienzan a aparecer en ellos. Conforme el mono avanza, las palabras van apareciendo en los papiros porque es precisamente la experiencia del viaje lo que le atribuye la sabiduría a estos manuscritos. Es precisamente en el viaje de regreso, cuando el mono reacciona y comprende que la única manera de obtener la sabiduría era realizando ese viaje al interior de sí mismo enfrentando sus propios genios y demonios; Esa era la verdadera intención de los dioses.

De acuerdo a la filosofía oriental, el hombre es creado por un Ser Superior y su destino es conocerse y experimentarse a sí mismo para lograr entender el significado de la vida. Los orientales, sin afiliarse a ninguna religión incluso sin creer en el Dios que nosotros creemos tienen una idea mucho más clara y definida de nuestra misión en este mundo con la diferencia de que a ellos no los motiva el miedo ni viven una vida de dogmas y restricciones impuestas por personas que intenten controlar sus acciones. En el libro del Génesis se nos cuenta como Dios creó el mundo en 6 días y el séptimo descansó, cómo Eva se comió una manzana y el hombre fue expulsado del paraíso y destinado a sufrir para conseguir su propio alimento. La ciencia, en específico Darwin, nos cuenta exactamente la misma historia en la cual los días se representan en "Eras", las cuales comprenden millones de años, si las analizamos nos muestran un orden de la creación muy parecido al del Génesis pero de una manera más racional:

La Era Azoica según la Teoría de la Evolución de Darwin acerca de la formación de la Tierra ésta surge de una nebulosa de gases que poco a poco fueron tomando forma, coincide con el Génesis que nos describe cómo el primer día Dios da orden a los elementos que en un principio se encontraban en caos.

En la Era Arcaica se nos hablaba de cómo se da la formación de la Luna y la atmósfera. El Génesis lo relata como el segundo día en el que Dios separa el firmamento de la tierra y la noche del día.

En la Era Proterozoica surge la vida vegetal que podemos ver en el Génesis como el tercer día en el que Dios separó las aguas de la tierra formando así los árboles y todo tipo de hierbas y plantas. De acuerdo a la ciencia y contrario a las creencias religiosas, esto no sucedió en tres días, sino fue un lento proceso que duró cerca de 400 millones de años.

A estas tres Eras le sigue la Era Paleozoica: el cuarto día en el que Dios crea la vida animal (anfibios y reptiles). Es aquí de acuerdo a la ciencia que se da el fenómeno del "pangea" surgiendo los océanos, la separación de los continentes y la vida en el mar. En un lapso de 315 millones de años.

En la Era Mesozoica con una duración de 180 millones de años surgen las aves y los mamíferos. Y por fin en la Era Cenozoica: surge el homo, se multiplican las especies y se forman las selvas y los desiertos. 65 millones de años. A partir de aquí se da la evolución basada en la vida inteligente y las cualidades espirituales hace dos millones de años. Luego vienen las glaciaciones, el deshielo y la época post-glacial o civilización. Hace diez mil años.

La religión no hizo más que simplificar en un cuento todo lo que implica la Teoría de la Evolución. De la misma manera lo hicieron muchas otras corrientes religiosas que tienen una idea muy similar con cuentos y personajes diferentes, la idea era presentarnos la creación de una forma sencilla y entendible para todo aquél que no quisiera complicarse la vida pensando en procesos tan abrumadores. Es decir, nos han hecho el favor de "resumir" y de paso nos han hecho creer que la ciencia va en contra de los designios de Dios y que atenta contra su voluntad.

Dejando por un lado la mitología y la ciencia, pasemos al tema religioso, no podemos terminar este capítulo sin detenernos un rato a analizar los llamados "libros sagrados". Abramos un poco nuestras mentes por tanto tiempo cerradas y analicemos conscientemente el contenido de las *sagradas escrituras* las cuales estamos tan acostumbrados a oír sin escuchar en cada una de las celebraciones religiosas. La biblia está llena de hechos sangrientos cometidos por Dios o con su ayuda, me atrevería a decir que el diablo se queda insignificante al lado de este "Dios amoroso" que nos han presentado. Si Dios verdaderamente fuera rencoroso y vengativo, de una ira implacable, como lo describen los libros sagrados, ¿no creen que el diablo nos sale sobrando?, es decir, no necesitamos un diablo cuando tenemos un Dios de tremendas características. La biblia no tiene un solo versículo donde se hable de hechos sangrientos cometidos por órdenes del diablo. Toda la sangre la violencia las muertes y toda clase de sufrimientos son un "mandato divino del Dios de amor". En los libros del antiguo testamento la mayoría de ellos nos hablan de la ira de Dios, en ellos Dios maldice y condena, amenaza, destierra, destruye ciudades enteras, mata a miles y miles de hombres mujeres y niños, incluso en el vientre de su madre. Basta con leer los libros de Samuel para darnos una idea y no porque sean los únicos, puedes darte un buen paseo por el Antiguo Testamento para corroborar lo que te estoy exponiendo. El Antiguo Testamento está lleno de historias de asesinatos, de venganzas, de guerras y de amenazas; incluso se alaba a los asesinos, se canta y se danza después de cada masacre y no solo eso, es Dios mismo quien ordena tales crímenes. En algunos hasta da instrucciones de cómo hacerlo, ¿De verdad crees que ese Dios que maldice y castiga, que amenaza y manda matar es el mismo Dios que puso orden, perfección y belleza al Universo? Sin embargo asistimos a las celebraciones religiosas y oímos lo que nos cuentan en sus lecturas. Sin detenernos a reflexionar en ellas. Más que sagradas escrituras a veces dan la impresión de ser una gran historia escrita por mentes psicópatas y distorsionadas con tanta sed de sangre y venganza que muchas veces sobrepasa nuestra propia imaginación.

Hemos vivido tanto tiempo escuchando la historia de un pueblo liberado de la esclavitud por Dios mismo en el antiguo Egipto, como si Egipto fuera el centro de la Tierra. Sin darnos cuenta que nosotros seguimos siendo esclavos de creencias ancestrales, Egipto no es el centro del universo, eso es sólo una historia de liberación o "de independencia" como le llamamos ahora, no crees que de igual manera Dios pudo haber sostenido la pluma con la que Abraham Lincoln abolió la esclavitud en Estados Unidos? de igual manera lo hizo José María Morelos en México, de igual manera pudo haber iluminado a los grupos que lucharon con Léger-FélicitéSonthonax en Haití, a José Simeón Cañas en El Salvador, o es que esos esclavos contemporáneos no tienen ningún valor para Dios, como para considerar sus historias como escrituras sagradas? Si lo que necesitas es ver sangre y lucha, ¡sí, claro que la hubo! pero no hubo ningún loco que dijera que fue mandato directo de Dios. Puedes tomarlo como blasfemia de mi parte si así lo decides, porque estás acostumbrado a callar lo que piensas y a expresar el pensamiento ajeno, a tener miedo de Dios y a comprar todas y cada una de las ideas religiosas aunque estas sean, a todas luces, una burla a nuestro intelecto y a nuestra capacidad de razonamiento. Más que otra cosa creo estar siendo congruente y razonable. ¿Por qué la liberación del pueblo de Egipto debe considerarse como sagrada y no la del resto de los países del planeta? ¿Acaso porque el pueblo de Egipto era el pueblo de Dios? ¿Y nosotros, qué somos? ¿Es que acaso tiene más valor ante Dios la lucha de Moisés en el desierto que la de Nelson Mandela en África? Puede que esto requiera que lo analices y para eso necesitaras pensar. No es mi intención en ningún momento ofender tus creencias pero si el exponer las mías. Porque Dios me ha dado el derecho y estoy haciendo uso de él, tú decides si te ofendes y te ciegas o si de una vez por todas te liberas y decides hacer uso de tu derecho a ser libre y a hacer uso de la razón. Si esto te parece aberración de mi parte entonces te invito a pasar a otro tema más "ligero".

Con el paso del tiempo y valiéndose de interpretaciones distorsionadas de la palabra de Dios la Iglesia Cristiana y la no cristiana han manipulado las escrituras para establecer normas meramente fiscales. La Iglesia Cristiana, Basada en la parábola que dice: "es más fácil para un camello pasar por el ojo de una aguja que para un rico entrar en el reino de los cielos" (Mt. 19:24). Nos ha hecho creer que incluso el dinero es malo. Esto si lo interpretamos literalmente, nos parecería imposible que una persona con dinero alcance la Gloria de Dios, sin embargo Jesús no se refería a una aguja como las que todos conocemos en las que hay que tener muy buena vista para insertar hasta el hilo más delgado. Para entender esto también hay que saber un poco de historia:

En la antigüedad y en tiempos de Jesús, las ciudades estaban amuralladas para protegerse de los enemigos de guerra, cada una tenía una puerta principal la cual se cerraba al atardecer, cuando alguno de los mercaderes no lograba llegar a la cuidad antes de caer la noche no podía quedarse afuera por temor ser víctima de los ladrones; para esto se creaban entradas muy pequeñas en los muros en forma de triángulos, a estas entradas "de emergencia" se les conocía como "ojo de aguja" y para lograr pasar por ellas era necesario bajar la carga de los camellos y hacer entrar a los mismos de rodillas cosa que resultaba sumamente difícil pero no imposible. A esto se refería Jesús cuando hablaba de los camellos y los ojos de las agujas. Y así como esta parábola hay muchísimas otras cuyo significado se ha perdido en la transliteración o en la intención. Recuerda que los evangelios fueron escritos en tiempos diferentes a los que ahora vivimos, en una cultura diferente, incluso en un lenguaje diferente. Las parábolas eran ejemplos, consejos, advertencias que se hacían para que quienes las escuchaban pudieran analizarlas y encontrar su verdadero significado, por eso Jesús también solía decir "quien tenga oídos que entienda", Porque la manera de hablar requería de interpretación para la aplicación a la vida cotidiana. Dichas parábolas de ningún modo tienen un significado meramente literal en nuestros días. Desgraciadamente el tiempo y la diversidad de culturas han dado pie a la mala interpretación de las mismas. Ciertamente, Jesús se refería a lo difícil que es para un rico entrar en el reino de los cielos porque el dinero nos trae tentaciones, codicia, ambición, etc. pero en ningún momento dijo que sería imposible. Al igual que los camellos tenían que dejar sus cargas para poder entrar y hacerlo de rodillas, los hombres debemos soltar la carga de lo material, los apegos y los resentimientos y necesitamos de mucha humildad para con los demás para lograr encontrar nuestra esencia, que es el amor. Pero Dios no va a revisar tu cartera para decidir si te permite compartir su Gloria, eso será resultado de tus actos, tus lecciones aprendidas y tus frutos. El dinero no es malo en sí, lo que hacemos con él es lo que determina su valor. La Madre Teresa recibía donaciones muy significativas para sus obras de caridad, incluso recibió el Premio Nobel, valorado en varios millones, sin embargo eso no la hizo digna del "infierno", eso no condenó su alma porque esas grandes cantidades nunca determinaron sus valores ni la hicieron perder el amor que ella sentía hacia el prójimo. Si en verdad el dinero fuera la causa de nuestra perdición los más perdidos serían los clérigos del Vaticano viviendo con tremendos lujos, con propiedades por todo el mundo, inversiones en la bolsa de valores, bancos, petróleo, hoteles, cadenas televisivas, por nombrar algunas: Olivetti (Telecomunicaciones), Shell (Gasolina), Canal Fox (TV), Hilton Di Rome (Hotel), RCA Víctor (Discos), bancos y acciones en el "CHASE" ese banco de logo azulito en el que te hablan en tu idioma y la lista es larga, muy larga, inversiones, propiedades, acciones, etc., etc., etc.

No se tome esto como si la iglesia católica fuera la única en estas condiciones, aunque bien pudiera ser la que más ostenta, existen muchas otras religiones que, aunque en menor grado también sus ministros o representantes saben cómo vivir a todo lujo y al mismo tiempo pregonar que la riqueza es pecado. Dios nos hizo perfectos, capaces, valientes, nos hizo para ser felices sin importar si somos ricos o pobres. Dios creo la alegría y la riqueza Dios está en los momentos felices y en los días de abundancia de la misma manera que lo está en los de tristeza y de carencias. Deja ya de creer que el dinero es del demonio y que los ricos se van al infierno porque ni el demonio ni el infierno existen. Tener abundancia no nos hace malas personas, la manera de ganarlo y el uso que hagamos de dinero es lo que define su valor y el nuestro. Las riquezas materiales al igual que la felicidad, se hicieron para disfrutarse y compartirse, es el apego a acumular riquezas materiales lo que nos distrae de nuestra verdadera razón de vida y puede transformarse en un impedimento para que escuches lo que tu alma te pide a gritos.

Ciertamente, no es fácil interpretar las escrituras, hay que estudiar, hay que conocer la historia, las tradiciones, las culturas de ese tiempo, hay que informarse, de otra manera seguiremos cayendo en las tergiversaciones del verdadero mensaje que Jesús quiso dejarle al mundo.

Hemos vivido toda nuestra vida creyendo
los cuentos de terror que nos han inventado,
aunque no tengamos prueba de ello,
por muy ilógico, irracional y absurdo
que pudiera parecer.
Rocío Gaxiola-Shaheen.

XIII.
LA CULPA

¿Cuántos años rezando el acto de contrición? ...¡Por mi culpa, por mi culpa, por mi grande culpa! Con golpe de pecho y todo, para que impacte. Por siglos, la mayoría de las religiones nos han hecho pensar y creer que hemos nacido culpables de cosas que ni enterados estábamos, de cosas que no hicimos, de cosas que no sabíamos y de otras que ni siquiera nos han contado, hemos crecido más que con culpa ajena, con culpas inexistentes, nos han hecho creer que no merecemos absolutamente nada, hemos escuchado desde el momento en que nacimos que no somos perfectos, que no somos capaces, que pensar diferente es pecado, que no merecemos y que la única manera de merecer es el sufrimiento y el aceptar que no somos nada, que seremos juzgados por nuestros actos, por nuestros pensamientos ¡e incluso hasta por nuestras omisiones!!!!

"Yo no soy digno de que vengas a mí pero una palabra tuya bastará para sanar mi alma" esa frase que todo católico bien instruido debe repetir automatizadamente durante el rito de la consagración en una misa, ¿te has detenido una sola vez en tu vida a hacer un análisis de esta frase? ¡Ni siquiera somos dignos de Dios! ¿De qué somos dignos entonces? ¿Cómo se le puede llamar a alguien que no merece ni a Dios? En primer lugar tenemos que aprender a ser realistas para poder sacudirnos todas esas creencias y mensajes subliminales que nos han grabado en nuestro subconsciente y que han ido poco a poco dañando nuestra individualidad, nuestra autoestima y la bendita y saludable sensación de merecerlo todo con la que todos nacemos; Observa cómo actúan los niños en sus primeros años de vida, no se preocupan de nada, juegan todo el día, si alguien los maltrata se alejan y se olvidan, se pelean con otro niño en cinco minutos están jugando juntos de nuevo, si los llevas a una tienda de juguetes o de dulces toman sin preguntar todo lo que tengan enfrente y que sea atractivo a su vista, sin avisar, sin pedir permiso, sin sentir culpa y si pedir perdón, ¿Por qué? Porque esa es nuestra verdadera naturaleza, deberíamos estar instruidos para tener esa misma actitud con Dios y no para repetir esas frases tan aplastantes, degradantes y tan faltas de respeto a la grandeza de Dios y a nuestra propia persona, en ¿qué momento se nos puede ocurrir creer que Dios viene a nosotros por medio de una galleta de pan sin levadura? No minimices a Dios, no lo ignores, no niegues su presencia, el no necesita venir a ti, Él *está en ti*, tiene residencia permanente se siente a gusto, te ama como eres y de ahí no se piensa mover. Somos más merecedores de lo que nos han hecho creer, como ya lo dije antes, todo esto que ves a tu alrededor es nuestro, para que hagamos uso de cualquier cosa que podamos necesitar, dentro de los límites de respeto por el derecho ajeno. Hemos vivido tantos años con una idea tan minimizada de lo que realmente somos no es de extrañarse que vivamos pensando que no somos capaces, que no somos merecedores, que así nos tocó vivir, incluso que todas las experiencias de dolor que nos suceden son un castigo de Dios, que no somos dignos ni siquiera de los alimentos que recibimos a diario, tenemos que pedirle a Dios que por su misericordia nos proporcione el pan de cada día el cual de acuerdo a nuestra educación religiosa ni siquiera somos dignos de merecer. No sólo nos han hecho creer que no somos dignos de vivir disfrutando de la felicidad desmedida sino que es un pecado pensar en ello. Hemos vivido toda nuestra vida creyendo los cuentos de terror que nos han inventado, aunque no tengamos prueba de ello. Nos seguimos aferrando a esas ideas y nos negamos a reconocer que nunca nos han funcionado. Es increíble cómo podemos ser capaces de creer todo este cuento de culpa y castigo que supuestamente heredamos de Adán y Eva y que en cambio nos cueste tanto el entender que Dios es amor infinito y que no pasa la eternidad esperando el momento de castigarnos uno a uno enviándonos al sufrimiento eterno. ¿Te has puesto a pensar que es lo que te impide dejar de creer en tales amenazas? ¡El miedo! La religión ha dedicado miles de años a cultivar la sensación de miedo, de pánico, de pavor, de incertidumbre. Nacimos escuchando este cuento de terror, fuimos esclavizados psicológicamente desde el momento en que nacimos, y para no correr riesgos, por si algún día perdemos el miedo, nos han inventado la culpa, tenemos la culpa hasta de haber nacido, tenemos la culpa de lo que nos pasa, tenemos la culpa de lo que no nos pasa, tenemos la culpa de la ira de Dios, y nosotros mismos tenemos la culpa de sus amenazas. Nos han minimizado, nos han hecho sentir que somos un "error" de Dios, una creación de la cual Dios mismo se ha arrepentido.

Fue precisamente la manipulación de la culpa y el perdón de parte de la Iglesia Católica que Martín Lutero se rebeló contra ella, pero eso tampoco nos lo platica el cura pero te lo voy a platicar yo a grandes rasgos con la esperanza de que tengas la iniciativa de investigar por ti mismo y sacar tus propias conclusiones.

Martín Lutero, era un monje católico con un doctorado en teología trabajaba como profesor, confesor y predicador de la palabra en una universidad de Alemania que se dio a conocer por iniciar una lucha en contra de la Iglesia Católico Romana después de un viaje que hizo a Roma al darse cuenta de la frivolidad, lujos y excentricidades del clero y de cómo se burlaban de la fe del pueblo. De regreso a Alemania comenzó a criticar la situación en la que se encontraba la Iglesia Católica pero sobre todo por la comercialización de las llamadas "indulgencias". Una Indulgencia es un simple papel escrito que se le da a una persona a cambio de una obra de caridad, penitencia o aportación económica, en el que se estipula que a dicha persona no sólo se le han perdonado sus pecados sino que también se le ha perdonado el tiempo que debería permanecer en el purgatorio después de su muerte, debidamente firmado y autorizado por el sacerdote de la parroquia correspondiente. No quiero hacer ningún comentario acerca de cuán ignorante se debe ser para creer en estas "patrañas" de la Iglesia, que por cierto en mi pueblo se les llama de otro modo. No me imagino llegando al "cielo" con un papelito en la mano firmado por el cura en turno en donde dice que nadie puede mandarme al infierno porque yo ya compre mi boleto VIP. O bien, sí, acepto ir al purgatorio pero aquí me descuentas cien días que me han sido perdonados porque asistí a la novena del santito de mi pueblo, participé en la peregrinación del día de la Virgen de Guadalupe y cargué un ratito la cruz en el vía crucis de la semana santa. Ah! y de vez en cuando el rezo de la versión larga del rosario sin quedarme dormido.

Hasta la fecha la iglesia niega haber lucrado con tales documentos. Pero hay cantidades, incluso en nuestros días e independientemente si se vendían o no, yo no sé a ti, pero a mí esto me obliga a pensar: ¿De dónde saco la Iglesia tal facultad y tal influencia para decidir sobre asuntos tan tremendos como lo que se supone que Dios va a hacer con nosotros después de la muerte? También me he perdido esa parte de los libros sagrados donde se le atribuyen a la Iglesia tales poderes, ¡vaya!, ni siquiera Jesusito anduvo por el mundo repartiendo papelitos de entrada directa o de perdón de castigos y eso que dicen que era el hijo del Jefe. ¿Con qué autoridad y sobre todo con qué certeza, la Iglesia confiere este tipo de "alivios temporales"? Seamos razonables: para Dios el tiempo no es un problema, pues es eterno, y no me lo imagino con una libretita de apuntes diciéndome cuantos días me toca pasar en dicho motel de tortura y checando a diario quien ha terminado su condena en ese lugar y puede pasar a un lugar de más comodidades. ¿Cómo puedo yo imaginar a mi abuelo reclamando su descuento de 100 o 500 días por traer un papelito que compruebe que el cura de su pueblo le garantizó reduciría su estancia en ese lugar de tortura que también nos han inventado? ¡Por Dios, seamos realistas!

Lutero vio este tráfico de indulgencias no sólo como un abuso de poder, sino como una mentira sin base alguna en las escrituras, que podría confundir a la gente y llevarla a confiar solamente en el engaño de las indulgencias, olvidándose así del arrepentimiento verdadero.

Lutero enfrentó a la Iglesia con sus ya conocidas 95 Tesis (o razones) a modo de desacuerdo por tal degradación de la Iglesia, la cual le hizo comparecer varias veces para que se retractara de aquellas ideas a lo cual Lutero nunca basándose en la biblia y en el uso de la razón y manteniendo firme su convicción de que las indulgencias que vendía la Iglesia Católica no sólo eran inmorales, sino también inútiles. Lutero rompió definitivamente sus relaciones con la Iglesia Católica, permaneció un año escondido para protegerse de las represalias de la Iglesia Católica y del Imperio para luego dar inicio a la formación de la primera Iglesia "Protestante", la Iglesia Luterana.

Lutero defendió el derecho del individuo a ser libre de tener una relación personal, independiente y directa con Dios, sin necesidad de mediadores. El creía firmemente que la interpretación de las sagradas escrituras no tenía por qué ser un monopolio exclusivo del clero, sino que cualquier creyente podía leer y examinar libremente la biblia, para lo cual ésta debía ser traducida a idiomas que todos pudiéramos entender. Recordemos que en ese tiempo la biblia estaba en cultísimo latín y

Lutero la tradujo por primera vez a un idioma diferente: al alemán. Al casarse con la monja Catalina de Bora inició un movimiento de apoyo al matrimonio sacerdotal dentro de muchas corrientes cristianas, luego se le unió en esta idea Enrique VIII desde Inglaterra, pero sin adoptar su religión, pues cada quien tiene derecho a abrir su propio changarrito, no crees?.

Hasta el día de hoy la biblia ha sido traducida a casi todos los idiomas y la Iglesia sigue ofreciendo sus llamadas Indulgencias con la diferencia de que ahora el negocio es más discreto y muchas de ellas son gratuitas o recibidas a cambio del rezo del rosario diario, de la comunión, por el uso de crucifijos o medallas religiosas, por la visita a "Tierra Santa" etc. ¡Negocio redondo! Nos hacen creer que nacemos culpables por lo que no hicimos y luego culpables por lo que hagamos para luego vendernos el perdón. Como lo dije antes, estas son historias que nadie nos cuenta, incluso nos tienen prohibido averiguar por nosotros mismos. Te invito a que ejerzas tu derecho a razonar, lee, investiga, infórmate y si sientes la necesidad de cambiar tus creencias tienes todo el derecho de hacerlo, eres libre de cambiar de opinión.

El infierno no consiste en diablos y llamas
sino en la ausencia del amor
y la incapacidad para gozar de él.
Anónimo

XIV.
EL CASTIGO DEL INFIERNO

Con el afán de mantenernos "a raya" las religiones nos han creado un Dios de temor, un Dios que no sabe de buen humor, sólo sabe de solemnidades, un Dios al que debemos tenerle mucho miedo porque de acuerdo a ellos, su cólera es indescriptible. Vivimos tan llenos de ideas pre-concebidas, pensamientos automáticos, creencias heredadas, sin detenernos en ningún momento a cuestionarnos la razón o el porqué; adoptamos y asumimos ideas como verdades absolutas, por la comodidad que implica el no tener que buscar nuestras propias verdades, nuestros propios pensamientos, nuestras propias ideas y nuestras propias experiencias. La mayoría de nosotros hemos heredado una religión de dogmas que no nos permite el cuestionamiento de muchas de sus "verdades absolutas". En esta vida la única verdad absoluta es que somos todos, tú y yo, imagen y semejanza de Dios, con todas las capacidades, la libertad y los derechos de los que necesitemos hacer uso para lograr nuestra plena realización, que no significa otra cosa que el amor mismo. En gran parte esta "cualidad" que tenemos de aceptar sin ninguna resistencia, de creer sin ningún razonamiento o análisis de todo aquello que se nos pretende imponer es resultado del miedo que la iglesia logro infundir en las generaciones anteriores por medio de "la santa inquisición". Nuestros abuelos y bisabuelos aprendieron a ceder, fueron obligados a creer cuando se pretendía imponer el cristianismo como única forma de vida, no tenían opción, era creer o la tortura de la inquisición, después de ésta no les quedó más que un gran temor y como resultado de ese temor educaron a sus hijos, nietos y bisnietos con las mismas creencias y el mismo pánico a pensar de un modo diferente.

Nuestra finalidad en este viaje no es ir a alabar a Dios después de morir, si "tenemos" que alabar a Dios quiere decir que Dios "necesita" ser alabado, y la verdad es que Dios no quiere, ni necesita nada, Dios es todo, no es un Diosególatra. ¿Crees realmente que Dios siendo Dios, tiene necesidad de alabanza? Nuestra verdadera finalidad es experimentar el amor en la vida terrenal para poder así compartir su Gloria la cual no es otra cosa que la felicidad desmedida en el transcurso de nuestras vidas. Dios no quiere, ni necesita, ni espera nada de nosotros, ni por voluntad propia mucho menos por la fuerza, Dios es bondad infinita, amor incondicional, un padre perfecto y amoroso, que nos da la libertad sin condiciones ni imposiciones de ningún tipo. Los mandamientos por ejemplo, ¿Para qué querría Dios escribirlos de su propia mano y en piedra si Moisés los iba a destruir el día siguiente? ¿Por qué elegiría Dios a un hombre tan explosivo y tan temperamental como Moisés para darle algo tan importante como lo son los mandamientos que regirían la vida no sólo del pueblo egipcio sino del resto de la humanidad por los siglos de los siglos? ¿Acaso no es una falta total de respeto a Dios destruir su propia obra? ¿Te has detenido a leer con atención la narración de dicho evento? ¿Ya analizaste lo que Dios ordena a Moisés en esos 40 días y noches en el monte? Oro, Bronce, querubines, altares, telas de lino fino… ¡Que Dios tan vanidoso y tan ególatra! ¿No te parece? Si Dios nos quiere pobres para ir al cielo, ¿No es una gran contradicción pedirle a su humilde pueblo altares con las más finas joyas? ¿Tampoco te parece increíble que de todas esas cosas o creencias en las que se basa el cristianismo ninguna se conserva? No hay ninguna prueba de que esos diez mandamientos existieron, lo mismo para el Arca que los contenía.

Una persona que ha logrado despertar su conciencia no podría matar aunque quisiera, no podría ser infiel pues tendría pleno conocimiento del amor, no podría ni siquiera jurar en vano pues no basaría su verdad en juramentos ni necesitaría los mismos para sostenerla. No podría sentir deseos por lo que no le pertenece porque estaría ya liberado de ese tipo de necesidades, viendo las cosas desde este punto de vista, Dios no tiene necesidad de "mandarnos", ¿Qué sentido tendrían entonces los mandamientos?

Nuestra idea de Dios es tan distorsionada que hemos llegado a creer que nuestra religión es el único medio para salvarnos. Nuevamente te pregunto: ¿Salvarnos de qué? Dejemos de una vez por todas de creer en todo lo que nuestra religión nos enseña como en una verdad absoluta, incluso en las cosas que no entendemos, en las cosas que tenemos prohibido entender y en las cosas que nos parecen a todas luces descabelladas, atrevámonos a levantar la mano y exponer nuestro desacuerdo. Démosle un portazo al miedo y verás que nada pasa, que la vida sigue su curso, que en nuestros días nadie se muere por pensar diferente ni por expresar nuestra verdadera forma de pensar y defenderla, te darás cuenta que sacudirte de tus miedos es tan fácil como lo es para el perro sacudirse de las pulgas que le chupan la sangre, pero sobre todo podrás darte cuenta que la libertad huele a mas a Dios que mil veladoras en el templo.

Permíteme ir en contra de tus creencias religiosas y permítete a ti mismo poner en duda lo que hasta hoy has heredado como "verdades absolutas"

1. Dios no castiga.

2. Satanás no es el enemigo de Dios.

3. Satanás no existe, tampoco el infierno.

Dios es la máxima expresión del amor, por lo tanto no castiga, nos da una y mil oportunidades para corregir nuestras acciones. El diablo con trinche y cuernos no es más que un invento de quienes han pretendido por todos estos años someternos a sus reglas e imposiciones, es como el "coco" que nos inventaron nuestros padres para asustarnos y así lograr que nos portáramos bien. Dios no representa la bondad, pues si lo viéramos desde esta perspectiva tendríamos que aceptar la existencia de su opuesto que es el mal y aquí es donde entraría el diablo con trinche y cuernos. Dios representa el amor infinito y perfecto y Él no ha creado en ningún momento la maldad, la maldad no existe, existe la ausencia del amor; El mismo Albert Einstein, uno de los genios más grandes que hemos tenido entre nosotros, se encargó de darnos una explicación muy clara para este aspecto: la oscuridad no existe y tampoco se puede estudiar, la oscuridad es la ausencia de la luz, el frio no existe, es simplemente la ausencia de calor, de igual manera la maldad no existe, es simple y llanamente la ausencia de amor. Las personas que nos provocan experiencias de dolor son personas con total y absoluta ausencia de amor, personas que no saben amar; La falta de amor es la fuente de todos nuestro males, las personas "malas" no son realmente "malas", nadie nace siendo un villano, un violador, un asesino, un explotador, simplemente es que no han encontrado su camino y por lo tanto no han aprendido a amar, son chispitas de Dios que en el camino han perdido su brillo. Dios, el Dios de bondad que nos ha creado no puede crear la maldad, Él ha creado el amor y el opuesto del amor no es la maldad, es la ausencia misma del amor. Ningún asesino le quita la vida a alguien a quien realmente ama, nadie golpea y abusa de otra persona si lo que realmente siente es amor hacia ella, nadie abandona por amor, nadie tortura, miente o destruye por amor, tú te preguntarás... ¿y los crímenes pasionales, no son por amor? Son ideas distorsionadas de amor. El amor verdadero no hace daño alguno, a nada, a nadie. Una madre que abandona a su hijo no está pensando en ese momento en lo infeliz que este niño va a ser, simplemente lo hace porque no sabe amar. Ignora por completo lo que la vida le depara a esta criatura y no le interesa saberlo, ten por seguro que eso no le causa felicidad ni tristeza, es simplemente falta de amor. Lo mismo que una persona que abandona a su pareja no lo hace para hacerla sufrir, lo hace simplemente porque no sabe amarla. Un asesino, un violador, un secuestrador, una persona que roba las pocas pertenencias de una familia, son personas que no saben amar, no lo hacen por ser malas, si amaran no serían capaces de algo así. Dios nos ha creado a todos y cada uno de nosotros a su imagen y semejanza, Dios no puede tener hijos "malos" porque Él es un Dios de amor, somos nosotros sus hijos los que no hemos aprendido a experimentar el amor y actuamos en consecuencia. A la mayoría de nosotros nos ha pasado por nuestra mente porqué Dios siendo omnipotente (todo-poderoso) y creador en toda su extensión permite que las injusticias sean el pan de cada día, permite las guerras, las violaciones, los asesinatos, etc., no es que Dios permita o deje de permitir, ciertamente es Él quien ha creado todo lo que existe pero somos nosotros los responsables de lo que sucede a diario, las guerras son indiscutiblemente provocadas por el hombre, las injusticias son de la misma manera provocadas por nosotros mismos aunque nos cueste aceptarlo y mucho más comprenderlo, somos responsables por los asesinatos, por las violaciones, por los abusos de poder, porque somos nosotros mismos quienes permitimos que estos suceda y esto sucede porque no se inculcan en las nuevas generaciones los verdaderos valores, el respeto, la compasión y el amor hacia nosotros mismos y hacia nuestros semejantes puesto que tampoco nosotros somos capaces de practicarlos y esa es la verdadera fuente de las injusticias y abusos de poder no Dios.

Atrévete a liberarte, a poner en duda todo lo que sabes, todo lo que crees que sabes, todo lo que quieren que sepas y a conocer todo lo que no quieren que conozcas no te permitas llegar al final sin haber descubierto y disfrutado lo que Dios tiene para ti. Busca tu propia verdad, escucha tu propia voz interior, así tengas que ir en contra de quien tengas que hacerlo. Aprende a vivir sin etiquetas, esto es bueno, esto es malo, esto es correcto, esto es incorrecto, nadie es bueno ni malo simplemente es de la manera que su entorno o sus decisiones propias le permiten ser. Hace muchos años, un hombre llegó a los Estados Unidos, se consideraba estadounidense aunque no hubiera nacido en ese país, se sentía muy orgulloso de haber participado en la guerra de Vietnam aunque nunca platicaba si alguna vez llegó a matar o a disparar a alguien. Cuando sus hijos tuvieron la edad de hacerlo, se enlistaron en el ejército para ir a la guerra contra Irak, y lo hicieron. Cuando el mayor regreso su padre se sentía todavía más orgullo de poder servir de esa manera al país. Meses después, en un incidente en la calle, el hijo fue muerto a balazos por un policía que le disparó, sin que él haya estado agrediendo a nadie, ni siquiera le dio la oportunidad de defenderse, simplemente le disparó. El padre cayó en una depresión horrible de la cual nunca pudo liberarse, acusaba a la policía de ser unos asesinos, de haber matado a un hijo que era "el mejor de este mundo y el más bueno de todos". Maldecía y la expresión de su cara se alteraba cuando contaba la historia de su hijo muerto a balazos de manera injusta, lloraba y se podía ver su frustración, no entendía como alguien podía haber matado a sangre fría a aquel hijo que el tanto amaba… Tanto él como su hijo fueron a la guerra, ¿cuántas veces dispararon sus armas? ¿Cuántas veces participaron en la explosión de bombas, en la tortura física y psicológica de otras personas? ¿A cuántos niños dejaron huérfanos o mutilados? ¿A cuántas personas asesinaron? Sin embargo, ¡ellos son considerados héroes! A ellos no les duele la muerte de esas personas aunque pudieran haber sido inocentes, ¿o es que la vida de su hijo si vale y la de los desconocidos no tiene ningún valor? ¿Acaso ellos si les dieron a estas personas la oportunidad de defenderse? Te voy a decir la diferencia: ¡a ellos no los amaban! Si ese padre fuera realmente malo tampoco le importaría la vida de su hijo, su hijo le duele porque lo amaba, las muertes que pudieron haber ocasionado no fueron consecuencia de su maldad sino de su falta de amor y de conciencia. A esto me refiero cuando te digo que lo bueno y lo malo no existe sino que son relativos, sólo existen el amor o la ausencia del mismo.

Para concluir y volviendo al tema de la religión, hay personas que sienten que la religión es lo mejor que existe en este mundo, pero existe mucha gente que ni siquiera conoce su religión y sigue ahí aunque no le funcione, aunque nunca le haya funcionado, por apariencias, por comodidad. Aun peor, conozco gente que no está de acuerdo con muchas cosas que su religión profesa y sigue ahí... ¡por miedo a Dios!!! Más que un padre Él es un creador y ningún creador destruye su propia obra, Él nos ama intensamente, ilimitadamente y actúa en consecuencia. No condiciona nuestra salvación en base a nuestra religión, o al cumplimiento de "mandamientos", nuestro destino es llegar a experimentar el amor divino, que no es otra cosa que el amor perfecto, en la primera, en la segunda o en la milésima oportunidad, pero llegar al fin. Dios no se desgasta en poner atención a cada una de las cosas que hacemos, para eso nos dio libre albedrío, para que vivamos nuestra vida de la manera que a nosotros mejor nos parezca, vivamos infinidad de experiencias y obtengamos el resultado de cada una de ellas siendo este negativo o positivo dependiendo del grado de amor, miedo o ignorancia con el que vivamos dicha experiencia. Algunas religiones en su afán de conservar su estatus autoritario nos han enseñado a temer a Dios, "amenazándonos" con el castigo del infierno si nos dejamos llevar por las tentaciones de satanás, el enemigo de Dios. Me gustaría encontrar la parte divina en esta enseñanza, de verdad me gustaría. ¿Te has detenido a pensar un poco en lo que esto significa? Significa que si esto fuera verdad entonces el libre albedrio que Dios nos ha dado en realidad no existe porque no tendríamos opciones de actuar de la manera que quisiéramos, sino que estaríamos condicionados de por vida a seguir ciertas reglas. Significa también que de no ser así, Dios nos estaría condenando a vivir en el fuego eterno, cuando se supone que la intención de Dios es que todos de una u otra manera regresemos a nuestro origen que es el amor del cual fuimos creados. ¿De qué clase de Dios estaríamos hablando si el infierno existiera? Dios, el amor, no nos ha creado con la finalidad de mandarnos a un sufrimiento eterno, nos ha creado para que disfrutemos cada día de nuestras vidas en cualquiera que sea el entrono que nos haya tocado vivir, ningún padre mete a su hijo en el horno de la estufa por un mal comportamiento ni lo fríe en aceite por no hacer lo que él le ha enseñado, ¿Por qué habría de hacerlo el Dios de la bondad? ¿No sería suficiente con hacernos enfrentar las consecuencias de nuestros actos? Dios no se recrea en el dolor de su propia creación, Dios no necesita quemarnos en el infierno para mostrar su Gloria y su justicia pero tal vez tú si necesites creer que hay un infierno para poder actuar de acuerdo a la ley del amor.

Cada quien crea su propio infierno y alimenta sus propios demonios, ¿Acaso el padre de la historia que te acabo de contar no está viviendo ya en el infierno? ¿Acaso no es un infierno vivir en las alucinaciones de las drogas, vivir a diario con alguien que te humilla, que te falta al respeto, que te roba tu luz, vivir aferrado al rencor que provoca el abandono? El infierno no es más que eso, el abandono de nosotros mismos, no es Dios quien nos abandona en los momentos difíciles, somos nosotros quienes abandonamos a Dios en nuestras decisiones. Ese lugar de fuego eterno al que llamamos infierno no existe, porque si fuera como nos lo han contado, un lugar de dolor y de llanto eterno donde las almas son castigadas sufriendo la total ausencia de Dios en compañía de satanás, privados de la presencia y de la mirada de Dios, entonces Dios no sería como nos han contado un Dios omnipresente, y estaríamos entrando en otra contradicción religiosa.

¿Cuántas veces hemos sentido que la vida que estamos viviendo es un "infierno"? Efectivamente, como almas que somos en proceso de encontrar nuestro camino hacia Dios muchos de nosotros somos "almas perdidas" en este mundo, porque no hemos encontrado nuestro camino y por lo tanto vivimos un infierno pero eso no significa que Dios nos ha abandonado. El infierno puede estar aquí mismo en esta vida en tu propio entorno, ¿Que más infierno quieres que no ser feliz? El infierno lo creamos nosotros mismos cuando tomamos decisiones que no provienen del amor genuino. Existen miles de personas ahora mismo en el infierno y no lo saben. ¿Acaso las personas que viven en guerra no están ya en el infierno? ¿Crees que los narcotraficantes son realmente felices? ¿Los drogadictos, las personas que están en la cárcel, los que sufren violencia doméstica, Abuso sexual? Y esto es por citar los "infiernos visibles" porque también hay cantidad de personas que están viviendo un infierno invisible, los millonarios que se suicidan por no soportar el vacío espiritual, las mujeres que han soportado toda una vida un matrimonio que no las hace felices y cargan diariamente con una gran amargura, la cual les transmiten a las personas que les rodean y terminan viviendo en completa soledad, los que no han aprendido a perdonar, los que no han sabido soltar y viven lamentándose por lo que ya no es o por quien ya no está, las madres con hijos delincuentes, los hijos abandonados, muchas de estas almas con toda seguridad al principio estuvieron en lugares aptos para su evolución, pero poco a poco y debido a sus propias decisiones fueron convirtiendo su entorno en lugares de verdadera oscuridad, Infiernos mentales!!! Eso es el verdadero infierno y no es precisamente un castigo de Dios, son simple y llanamente el resultado de sus propias decisiones, decisiones no basadas en el amor incluso el no haber decidido nunca porque no decidir también es una decisión y a eso la iglesia le llama pecado, el pecado de omisión. ¿Está tu alma en el infierno ahora? ¿Fue Dios quien te ha mandado hasta ahí, o han sido las consecuencias de tus propias decisiones? Piénsalo bien, El infierno, como nos lo han contado, con llamas eternas que sólo nos queman pero nunca nos destruyen, con demonios con cuernos y tenedores no existe, el infierno lo creamos nosotros mismos cuando tenemos que asumir las consecuencias de no haber obrado de la manera que se espera de un hijo perfecto de Dios: Con amor hacia los demás y hacia nosotros mismos.

En muchas de las situaciones el sufrimiento que experimentamos no es causa directa de nuestras decisiones sino de las de alguien más, como es el caso de las personas que sufren violaciones, a quienes les asesinan a un ser querido o quienes sufren el abandono, ya sea de sus padres o de un ser muy amado, las mujeres o hijos víctimas de la violencia doméstica, ya sea física o emocional, estas personas también están viviendo en el infierno pero ni siquiera en estos casos se puede decir que es involuntario, el medio más rápido para salir de él es el perdón y eso sí que depende de nosotros. Aprendamos a perdonar, pero no confundamos el perdón con el martirio, no nacimos para ser mártires de nadie, no te ates a quien no te ama, no te aferres a quien te da una vida de humillaciones, la ley del amor nos exige perdón, pero también nos exige amor, incluso por nosotros mismos. No sacrifiques la dignidad que Dios te ha dado en el nombre del amor.

Porqué pensar que Dios existe en constante guerra con satanás? Dios no está en guerra con nadie, las guerras las inventamos nosotros, Dios no tiene ese tipo de conflictos, él es un Dios de paz, somos nosotros los que vivimos en constante lucha con todos esos sentimientos contrarios al amor, si en realidad creemos en un Dios lleno de bondad, sublime, divino y todopoderoso esta idea de satanás no encajaría desde ningún ángulo que se quiera ver. Dios no tiene enemigos, ni está en eterna guerra con nadie,

Dios es amor divino, amor sublime, amor puro, en su máxima expresión, los enemigos y las guerras son creación nuestra. Dios no está limitado a esa clase de sentimientos tan meramente "humanos"

El miedo al infierno es tan grande que el simple hecho de imaginarnos ahí es ya un infierno, vivimos un infierno pensando en ello cuando en realidad no existe de la manera como nos lo han contado, el infierno puede ser aquí y ahora y deninguna manera es eterno, existen mil maneras de salir de él. ¿Quiénes son tus demonios? ¿Tu esposo, tus vecinos, tu familia, tus celos? ¿Tus anhelos frustrados, tu ambición, tus deudas, tu trabajo? ¿Tu doble vida, tus recuerdos? Soluciona tus conflictos, ¡libera, perdona, suelta! ¡Sal del infierno, mata tus demonios!!!

La verdad le dijo al miedo:
"yo callaré mientras tú danzas",
entonces surgieron las religiones.
Rocío Gaxiola-Shaheen.

XV.
EL MIEDO

De acuerdo a los sicólogos el peor de los miedos no es aquel al que nos podemos enfrentar cuando alguien nos ataca o cuando algo nos amenaza. Cuando sabemos que un huracán viene a nuestra ciudad, cuando vivimos en un área sismológica y estamos siempre a la espera de un terremoto, o quienes viven al pie de un volcán en actividad. En todas estas situaciones tenemos una muy clara idea de lo que puede suceder y en cierto modo estamos preparados para enfrentarlo y sabemos de qué manera hacerlo. El peor miedo no es cuando nos sentimos amenazados por alguna fiera, o por una enfermedad, ni cuando estamos en un lugar despoblado o frente a un enorme barranco; De acuerdo a ellos el peor miedo que podamos experimentar es el miedo a lo desconocido, pues en cualquier otra situación, sabemos cómo protegernos, defendernos o evadir el peligro. Pero no hay nada que podamos hacer frente al miedo a lo desconocido; Esto tiene un enorme poder para activar nuestra imaginación que no hay nada que pueda superarlo, no sabemos cómo actuar, ni que hacer para prevenirnos de lo que nos espera porque ni siquiera sabemos lo que realmente nos espera, sólo lo imaginamos y nuestra imaginación en estos casos puede ser tremenda enemiga nuestra. Es de este tipo de miedo del que se han valido las religiones para mantener su control sobre nuestras acciones; Nadie ha visto el infierno, nadie sabe si va a ir ahí o no, nadie sabe que es lo que ahí hay y lo que nos han dicho (los que tampoco lo han visto) no es muy alentador. El miedo imaginario es el más cruel de los miedos, porque cada quien crea en su imaginación las cosas más terribles. Cuando un hombre vence el miedo descubre que es capaz de hacer lo que se proponga y la religión tiene un miedo tremendo de que esto suceda.

Hay una película algo viejita, "El Nombre de la Rosa" digna de recomendación, en ella se muestra a grandes rasgos lo que era la Iglesia en los tiempos de la inquisición. Es una obra con mensajes "disfrazados" para que cada quien los pueda entender, en ella se habla de uno de los tratados de Aristóteles al cual "el tiempo" se ha encargado de desaparecer. "La Risa", la Iglesia nunca estuvo de acuerdo con este tratado de Aristóteles pues en él hacía ver la vida desde un punto de vista burlesco, es decir: según Aristóteles, la Risa libera a la persona del miedo al diablo porque en la fiesta de los tontos el diablo también es tonto y por lo tanto controlable. Para la Iglesia, el peligro consistía en que la gente pudiera liberarse del miedo al diablo en un acto de sabiduría, y al liberarnos del miedo por medio de la risa el control está en nuestras manos.

Hasta hoy la religión ha impuesto su ley por medio del miedo a la que ellos han optado por llamar "temor de Dios". De acuerdo a Aristóteles la risa es capaz de aniquilar el miedo pues cuando reímos perdemos incluso el miedo a la muerte misma. Es por eso que este tratado de Aristóteles "La Risa", representaba una verdadera amenaza para la religión, puesto que al perder el miedo a la muerte, ya no hay más nada que temer ni nadie capaz de dominarnos por medio del mismo. ¿Y qué sería de la religión sin el miedo? Como ya lo dije, este tratado "desapareció" en el tiempo, aunque no me extrañaría encontrarlo entre los archivos secretos del Vaticano. La religión que por tanto tiempo nos ha infundido el miedo está viviendo ahora una etapa en la cual ella está convirtiéndose en víctima de sus propios miedos, es decir, no hay amenaza más grande para ella que vernos a nosotros liberados de nuestros fantasmas.

En este mundo tenemos dos cosas con una rigidez increíble, las rocas y la religión, y, como diría Einstein, de las rocas no estoy tan segura. Las ideas las leyes, incluso los dogmas de la religión se han vuelto obsoletos con el tiempo sin embargo ellos siguen aferrados a cosas que si bien en un principio no tenían explicación o había una razón para aceptarlas, con el paso de tiempo nos hemos dado cuenta que todo absolutamente todo en esta vida tiene una explicación (que a veces solemos llamar científica) por eso la Iglesia ve en la ciencia un enemigo en potencia puesto que la ciencia puede desenmascarar en tres días el cuento de los últimos 2000 anos ... es increíble como siguen aferrados a creencias absurdas, a principios obsoletos, muertos. Nos han inventado el pecado y el perdón, el infierno y las indulgencias, La iglesiatuvoque no sóloinventarlaspuertas del cielosinosullavetambién y adueñarse de ella para poderasíconvertirseen el únicomedio de salvación de los hijos de Dios "nacidos del pecado", y hacernoscreerqueesellatambién la única con todo el podersobre la faz de la tierra para perdonar o condenarnos ha inventadoel Cristo salvador del mundo con su respectivo anticristo, ¿te has puesto a pensar cual es la razón de inventarse una cosa de tal magnitud como la de un anti-cristo? Es muy fácil, la iglesia ha urdido tanto cuento, tanto drama, tanta fantasía, culpa, pecado y remordimiento por los últimos tiempos, que desde el principio sabía que esto correría el riesgo de salir a la luz algún día, y esa es precisamente la intención o el objetivo del anticristo, hacer que cualquier persona que en el futuro intentara abrirnos los ojos o demostrar que lo que Jesús hacia lo puede hacer cualquiera con una fe suficiente es nada menos que el anticristo, y los que crean en él se condenaran y además esa será la señal de que el fin del mundo está cerca, nada más espantoso para mantener alejada de nuestras mentes la idea de cuestionarnos.

*Me parece que aquellos que sólo se basan en argumentos de autoridad
para mantener sus afirmaciones, sin buscar razones que las apoyen,
actúan en forma absurda.
Desearía poder cuestionar libremente
y responder libremente sin adulaciones.
Así se comporta aquel que persigue la verdad.
Vincenzo Galilei. (Padre de Galileo Galilei)*

XVI.
DOGMAS DE FE

Otra limitante más que la religión nos impone son los llamados "dogmas de fe" a mí me gusta llamarlos dogmas de miedo, el miedo tremendo que tiene la religión de que realmente nos cuestionemos tal cantidad de cosas para las que ni ella misma tiene una explicación. Un dogma, indica una creencia, doctrina o imposición sobre cuya verdad no se admiten dudas, es decir, es la aceptación total y absoluta de una creencia sobre la cual las personas están obligadas a creer y mantener esta creencia aunque no tenga el más mínimo fundamento lógico o razonable, está estrictamente prohibido cuestionarse, ponerse en duda, incluso investigar y buscar una explicación razonable. Las cosas son como son y no hay que buscarle por otro lado, no hay que insistir, se prohíbe la duda, el análisis, y cualquier intento del uso de la lógica y la razón pues según ellos, de atrevernos a hacerlo pasaríamos a ser herejes y estaríamos blasfemando contra Dios.

Cada corriente religiosa tiene sus propios dogmas de acuerdo a su antigüedad, su origen, su Libro Sagrado y sus necesidades. Por ejemplo para la mayoría de las religiones Cristianas: el infierno, El pecado como herencia de Adán y Eva, todas las afirmaciones de credo, la virginidad perpetua de María y su asunción en cuerpo y alma (y con todo y chanclitas) a los cielos, Jesucristo es Dios y hombre a la vez y vivió una vida sin pecado, la resurrección de Cristo y su ascensión a los cielos en cuerpo y alma, el juicio final, el perdón de los pecados mediante el bautismo y la confesión, el cielo, el purgatorio y el infierno, Jesucristo instituyó la Iglesia por medio de Pedro y los apóstoles, el Papa es el sucesor de Pedro; Para el Islam: No hay más Dios que Alá y Mahoma es su profeta, todas las leyes están supeditadas al Corán, que hace las veces de constitución, es decir para ellos el Corán es tanto la ley religiosa como civil, el infierno, la resurrección y el juicio final; Para el Hinduismo: La reencarnación (regresan a la vida otra vez como animales o como personas), *El Karma* (significa que el comportamiento en la vida anterior afecta el lugar de las personas en esta vida, y lo que hacen en esta vida determinará su lugar en la venidera), los animales y los insectos tienen almas (especialmente las vacas que son consideradas sagradas), el infierno como lugar de estancia temporal; Para el Budismo: La idea del budismo acerca del origen del universo es meramente científica, de acuerdo a ellos lo que no se puede explicar científicamente no existe. Por lo tanto Dios no existe. La principal contradicción del budismo es que no creen en Dios porque no hay prueba de su existencia sin embargo creen en el nirvana y tampoco hay pruebas de eso. Existen tres conceptos importantes en el budismo: El Samsara, es el ciclo de nacimiento, vida y rencarnación. El Karma que es lo que condiciona los acontecimientos de nuestra vida de acuerdo a nuestros actos en las vidas anteriores y el Nirvana es un estado de perfección similar a "la Gloria" del cristianismo, donde no se está atado a un cuerpo físico ni existe el sufrimiento, ni los deseos, ni el ego mismo. Es la plena liberación del alma. Para alcanzar el Nirvana es necesaria la perfección del alma por medio de las experiencias adquiridas a través de muchas vidas, el Nirvana es un estado en el cual ya se han vivido todas las experiencias posibles por lo tanto el ciclo de reencarnación llega a su fin. Aunque el Budismo no es considerado una religión, sin la aceptación de estos conceptos no es posible "trascender", lo cual los convierte automáticamente en dogmas.

Si lo analizas, ninguno de estos "dogmas" tiene explicación razonable, aun así como seguidores de cada una de estas corrientes religiosas el hombre está obligado a no solamente a creerlos sino a profesarlos y por lo tanto "heredarlos", es decir, inculcarles a sus hijos todos y cada una de ellos incluyendo el miedo y la prohibición de buscarles un sentido racional. La religión nos prohíbe pensar, analizar, discutir, preguntar, dudar, cuestionar, investigar, leer, aprender, conocer, buscar, impone sus mandatos, sus reglas, sus dogmas y amenaza a quienes se atrevan a desobedecerlas, es como si morir sin estrenar el cerebro fuera condición indispensable para alcanzar la Gloria, la salvación, la reencarnación o como se le quiera llamar.

¿Dónde se supone que estaba el Jardín del Edén? ¿Dónde quedó la torre de babel? ¿Por qué nadie vuelve a mencionarla ni siquiera como referencia? Según la historia, Babilonia era un lugar muy religioso, tenían muchos dioses, la idolatría estaba presente por todas partes, Babilonia era a todas luces "una tierra de imágenes esculpidas" Los babilonios creían en la inmortalidad del alma humana, la magia, la hechicería y la astrología desempeñaban un papel muy importante en su religión. Puedes leer a Isaías, Jeremías o Ezequiel acerca de esta ciudad y su gente. Es probable que por todas estas cosas de astrología, hechicería, magia y adivinación, la iglesia haya preferido contarnos una historia de castigo como fue lo que sucedió con la torre de babel, de la que nunca se volvió a saber nada.

De acuerdo a algunos historiadores aseguran que los reyes magos al principio ni eran reyes ni eran tres. En origen, debieron ser sacerdotes persas con conocimientos de astronomía a los cuales en tiempos de Jesús se les llamaba generalmente magos, lo de reyes se les agregó después para hacer el asunto más interesante, lo mismo con los regalos que se dice que trajeron a ofrecer, pero lo de verdad más interesante es que ya no se vuelve a saber absolutamente nada de ellos, no hubo escritos de ellos mismos narrando tan tremenda experiencia. ¿Es que acaso no era un hecho tan importante como para dejar algo escrito? En dos mil años los judíos siguen sin reconocer a Jesús como lo que el cristianismo dice que fue, ni siquiera después de su "resurrección". ¿No te parece increíble que todo, absolutamente todo, haya sido destruido de una u otra manera por una u otra razón?, ¿Nadie guardó un recuerdo da tan amado maestro? En cuanto al paño con el que se supone que Verónica limpió el rostro ensangrentado de Jesús en el que supuestamente quedó dibujado su rostro. ¿Sabías que existen 4? Uno en Roma, uno en Francia y dos en España; La Iglesia resuelve este pequeño detalle aludiendo que tal vez Verónica dobló el paño en 4 antes de que se secara la sangre (???), irónicamente, aun con la tecnología con la que contamos en nuestros días "no se ha podido" realizar ningún estudio a dicha imagen. ¿No se ha podido o la Iglesia no lo ha permitido?

La Sábana Santa o Manto de Turín, de acuerdo a estudios realizados por algunas prestigiadas universidades como la Universidad de Oxford y la Universidad de Arizona y personas expertas en la materia con pruebas de carbono14, que es el que se usa para determinar la antigüedad y por lo tanto autenticidad de todo objeto antiguo. Este manto o sábana arroja resultados de haber sido elaborado entre el año 1260 y 1390. Sin embargo es cosa curiosa que solo los estudios realizados que han sido financiados por organizaciones religiosas no han encontrado ninguna discrepancia en cuanto a la autenticidad de dicho objeto. ¿Te queda un poco más claro ahora por qué la iglesia asegura que la ciencia va en contra de los designios de Dios? La ciencia de ninguna manera va en contra de dichos designios, la ciencia va en contra de lo irracional cosa que si afecta gravemente a los dogmas religiosos.

Las cadenas de la esclavitud
solamente atan manos y pies:
Es la mente lo que hace al hombre libre o esclavo.
Franz Grillparzer.

XVII.
LOS SACRAMENTOS

El cristianismo no sólo nos ha vendido la idea de que los sacramentos son el primer paso para nuestra salvación, sino que se ha adueñado de ellos, es decir, nadie más que la Iglesia puede celebrar o validarnos un sacramento. Apenas llegamos al mundo y el pecado ya está ahí para pegársenos como garrapata al perro. Es tan increíble el poder de dominio que le hemos concedido a la Iglesia sobre nuestras vidas que antes de nacer ya nos tiene listo nuestro pecado para cuando lleguemos y la única manera que hay de liberarnos de éste es por medio del bautismo. En el cristianismo a este "pecado" se le llama el pecado original y es la herencia que hemos recibido de Adán y Eva.

Como podemos ver el cuento de los siete días, la serpiente y la manzana no quedo ahí, sino que hemos venido cargando con esa culpa desde el vientre de nuestra madre. Nacemos culpables y ni siquiera tenemos el derecho a cuestionarlo, pues es un dogma de fe, pues, como ya lo dije antes, si lo hiciéramos tal vez llegaríamos a la conclusión de que de la misma manera que Adán y Eva no tienen ningún poder para salvar nuestras almas tampoco lo tienen para condenarlas, ellos no tienen ningún poder sobre tu alma, ni aunque se hubieran comido el manzano entero. Entiende de una vez que eso no es más que un cuento diseñado por el hombre para explicarnos, a su manera, el origen del universo. No existió tal manzana, no existió tal pecado, por lo tanto no existe tal culpa pero de alguna manera la religión tenía que encontrar un punto a partir del cual hacernos sentir culpables y que mejor que desde el principio de la creación, como para que nadie lo desmienta. La Iglesia Católica establece que el bautismo debe darse en cuanto sea posible a todo recién nacido y con esto pasamos a ser parte de la comunidad de Cristo, es decir, que tampoco esa decisión nos corresponde, ni siquiera se nos ha dado la oportunidad de conocer esa comunidad y ya nos están imponiendo su sello; ¿Dónde queda pues nuestro libre albedrío?

Luego viene el sacramento de la confirmación el cual no podemos recibir si no hemos sido antes bautizados porque esto es la confirmación de que realmente queremos pertenecer a esta comunidad, pero tampoco se nos da la oportunidad antes de conocer nuestras opciones, de descubrir a Dios en nuestro interior y de optar por lo que más convenga a la elevación de nuestras almas, la confirmación debería ser una decisión y las decisiones se toman cuando existen las opciones y, ¿Cómo podemos decidir si no conocemos las opciones?

Otro sacramento más, el de la penitencia, que consiste en ir y confesar nuestros "pecados" para poder recibir el perdón y la absolución de los mismos por medio de un sacerdote que muchas veces trae más piedras de las que nosotros traemos en nuestro costal. Sin este "sacramento" no podemos acercarnos a compartir el pan de Cristo bajo ninguna circunstancia. ¿Te has preguntado quién instituyó el "sacramento de la confesión"? El Catecismo de la Iglesia Católica dice claramente que los sacramentos los instituyó Jesucristo y disculpen mi mala memoria pero tampoco eso recuerdo haberlo leído en ningún "libro sagrado". No recuerdo haber leído en ningún momento que los apóstoles y todos los que seguían a Jesús hicieran línea para contarle todo lo que habían hecho, ni siquiera cuando hubo repartición de panes y peces y todos tenían hambre y hubieran hecho cualquier cosa con tal de comer, mucho menos los que asistieron a esa cena de despedida. ¿Por qué se nos impone entonces como una condición para participar de la celebración eucarística? Ciertamente, de acuerdo a los evangelios, Jesús dijo a sus apóstoles que fueran por el mundo y perdonaran los pecados de todo aquel que se arrepintiera de ellos, pero en ningún momento les dijo que para eso los apóstoles tendrían que enterarse del chisme completo eso es pura morbosidad humana. Dios sabe las cosas en las que yo no he obrado de acuerdo al amor y el arrepentimiento es suficiente para obtener el perdón. La confesión verbal no fue en ningún momento instituida por Jesucristo seamos claros, no nos dejemos manipular, la confesión no tiene origen divino ni institución de Jesús y tampoco tiene ningún sentido ir a contar las faltas con su respectiva excusa, porque no hay que negarlo, siempre tenemos una. Jesús envió a sus apóstoles a perdonar pecados no a escuchar confesiones. Sin embargo La confesión de "los pecados" es de muchísima ayuda tanto para nosotros como para la Iglesia puesto que, fue instituida por ella para poder tener control total y absoluto de lo que cada individuo hacía con su vida y así poder seguir infundiéndoles el miedo y nosotros la hemos aceptado por años porque es mucho más cómodo confesarse que tener que ir a pedir perdón a quienes verdaderamente ofendimos, sigue siendo mucho más fácil que aceptar el daño que hemos hecho, asumir las consecuencias y pedir perdón directamente al ofendido.

No siendo suficiente con el atropello de invadir nuestros actos más personales, la Iglesia se ha escudado cobardemente en el "secreto de confesión" para solapar crímenes horribles, abusos, violaciones, asesinatos, etc. ¿Es que no es a ellos precisamente a quien corresponde como defensores de la verdad y la justicia el denunciar todo este tipo de actos que atentan contra nuestros derechos y nuestra dignidad y en muchas de las veces incluso contra nuestra vida? Si la finalidad es proteger la privacidad de quien lo confiesa entonces tampoco le corresponde al sacerdote saberlo todo si el hecho de saberlo no va a cambiar absolutamente en nada la situación, y esto es sólo en referencia a quienes cometen dichas faltas. ¿Pero qué pasa cuando hablamos de que quien la confiesa es la víctima? ¿Dónde queda la obligación moral del confesor? En esos casos un consejo no es suficiente, ¿no se supone que ellos como representantes de Cristo deben velar por el bien de su comunidad y denunciar todo tipo de atropellos cometidos, denunciar la verdad, buscar la justicia y el bienestar del prójimo? ¿Dónde queda pues la caridad, la compasión, el amar al otro como a uno mismo, y todas esas frases y palabras bonitas con las que tanto se llenan la boca? ¿Quién instituyo el secreto de confesión? ¿Dónde dice? ¿Cuál es la finalidad? A Dios le basta con el arrepentimiento, con la rectificación de errores por medio de los hechos no de los rezos y en eso Jesús si fue muy claro al decir que antes de ofrecerle sacrificio a Dios vayas y pidas perdón a quien hayas ofendido. Cien aves marías no significan nada para un asesino que no ha enfrentado su responsabilidad, que no se ha arrepentido y que no ha pedido perdón a quienes causo dolor; La confesión en este caso no es más que un desahogo de la conciencia, porque es más fácil ir a contarle el cuento a alguien que es completamente ajeno a los hechos, que ir a pedir perdón a quien se ha ofendido o lastimado y en casos más severos a la familia, a los hijos, a la madre o a la esposa de la persona a quien se le ha privado de la oportunidad de seguir en este mundo.

Los actos de contrición tienen el mismo valor que un discurso político si el arrepentimiento no es real y no se enfrentan las consecuencias y se hace algo para corregir la falta. De nada te sirve contarle al cura lo que hiciste afuera, recibir la absolución y salir de nuevo sin pedir perdón a quienes te llevaste entre las patas. Los rezos no salvan, ni tampoco los golpes de pecho, ni siquiera una absolución eclesiástica. Lo que te salva son tus acciones, hay sólo dos cosas que debemos hacer cuando hemos cometido alguna falta: arrepentirnos y reparar el daño en lo posible por medio de las acciones. Los rezos, las confesiones y las penitencias no son más que una aspirina para calmar nuestra conciencia.

La comunión… Lo voy a decir con todas sus letras: se nos obliga a recibir una instrucción de varios meses como preparación para la comunión de lo contrario no podemos acercarnos al altar a recibir "el pan de Cristo". Se nos obliga a aprender de memoria cantidad de rezos, y de preguntas con sus respectivas respuestas ya establecidas. ¿Se han preguntado qué pasaría si para pasar a ser parte de una congregación religiosa se no obligara a encontrar nuestra propia respuesta a cada una de esas preguntas? ¿Te has respondido con tus propias palabras, con tus propias ideas cada una de esas preguntas? Te invito a que lo hagas. Te invito a que tomes un catecismo católico y leas cada una de esas preguntas y escribas tus propias respuestas. Tal vez el resultado sea mucho más distinto de lo que te puedas imaginar, tal vez te des cuenta que hay cosas, más de las que tú crees, con las que no coincides o que ni siquiera entiendes, tal vez termines dándote cuenta de que la religión no es lo que tu estas buscando o tal vez te des cuenta de que realmente no crees en todo lo que, hasta ahora, "creías creer".

Por increíble que parezca, el aprender de la A la Z lo que se dice en el catecismo de la Iglesia es la condición para la plena participación en la celebración de la eucaristía. Incluso antes de acercarnos al altar debemos confesar lo indignos que somos de hacerlo, y volvemos a lo mismo: "Señor, yo no soy digno de que vengas a mi…" si no eres digno ni siquiera de Dios, ¿De qué eres digno entonces? ¿Qué te queda? ¿Cuánto vales? ¡Y lo decimos con tanta naturalidad! Te invito a que la próxima vez que tengas que hacerlo lo reflexiones primero, te permitas analizar esta afirmación, y sobre todo te permitas estar en desacuerdo con ella. ¡Por supuesto que somos dignos! ¿Quién es aquí quien decide si somos dignos o no? incluso Judas estuvo presente en la última cena, nadie le cuestionó, ni siquiera el mismo Jesús. Somos dignos del amor y la misericordia de Dios, somos dignos de vivir nuestra vida, de acercarnos a Dios; somos dignos de perdonarnos a nosotros mismos por nuestras decisiones pasadas, somos dignos de una y mil oportunidades siempre para poder así rectificar nuestros actos. Nadie tiene derecho a juzgarnos por lo que hacemos o dejamos de hacer, son decisiones propias y ya nos tocara a nosotros mismos asumir las consecuencias.

La iglesia Anglicana no tiene ese conflicto, ha quitado de su esquema esa frase y permite a todos acercarse a compartir el pan de la unidad sean quienes sean y hayan hecho lo que hayan hecho, porque son conscientes de que no es ante ellos ante quienes tenemos que rendir cuentas. De hecho no tenemos que rendir cuentas ante nadie, sino ante nosotros mismos, nuestra conciencia es la oficina de Dios que cada uno tenemos en nuestro interior, es a nuestro interior a donde tenemos que acudir para conectar con Dios y hacer un análisis de nuestras acciones. Las religiones orientales tampoco tienen ese problema, cada quien es responsable por lo que hace y cada quien decide las acciones a tomar para rectificar el daño ocasionado. La comunión no es más que una representación simbólica, porque a muchos de nosotros nos cuesta trabajo creer en lo invisible y en lo intangible pero Dios está siempre en nuestro interior. Dios es parte de nosotros, de hecho, sólo las religiones cristianas tienen este simbolismo, nadie más en el mundo realiza esta representación mucho menos con la imposición de cumplir cada uno de los pasos a seguir para ganar el derecho de acercarnos a Dios. Dios no necesita ni pan ni vino para acercarse a nosotros, eso es solo "tangibilidad" es decir, que como humanos que somos necesitamos ver y tocar, necesitamos "comernos" a Dios para poder creer que Él vive dentro de cada uno de nosotros. Dios no se recibe a través de un pedazo de pan ni de un trago de vino, Dios vive ya dentro de nosotros independientemente de la religión que practiquemos incluso si no practicamos ninguna. Dios no se aleja de nosotros bajo ninguna condición, somos nosotros quienes no nos atrevemos a aceptar que el sigue estando ahí sea lo que sea que hayamos hecho.

La orden sacerdotal y el celibato, En los primeros años de la Iglesia sólo las personas con un buen estatus social y económico tenían acceso a la educación por lo tanto sólo los que sabían leer tenían acceso a la biblia. Como consecuencia todos los sacerdotes provenían de familias adineradas, esa fue una de las razones para la institución del celibato, pues al morir todos los bienes personales de los religiosos pasarían a la Iglesia por falta de herederos de sangre. Hasta el 1500, la Iglesia no exigía el celibato, incluso algunos de los apóstoles eran casados; Al cabo de varias "guerras santas" y cruzadas, la Iglesia comenzó a sufrir los estragos no tanto en sus ejércitos, puesto que gente dispuesta a "morir en nombre de Dios" sigue existiendo bastante hasta la fecha, sino en sus bolsillos. Había que buscar la manera de volver a llenar sus arcas. Al morir sus sacerdotes eran sus familias quienes reclamaban sus bienes materiales, así que la Iglesia decidió poner fin a este inconveniente decretando que a partir del concilio de Trento en 1545, el sacerdocio debía ser célibe, es decir, "Dios" exigía una vida de total entrega a la propagación de su reino. Por lo tanto a partir de esta fecha todos los sacerdotes debían renunciar a sus familias, a sus bienes y a la vida matrimonial y por ende, todos sus bienes pasaban a ser propiedad de la Iglesia. Te invito a que leas la historia, pero no la historia religiosa, sino la historia de la humanidad, la historia del mundo, vista desde un punto de vista "histórico" y no religioso. La religión siempre encontrará la manera de tergiversar los acontecimientos para convencerte de que todo lo que se dice en su contra no son más que calumnias y blasfemias y que las decisiones que han tenido que irse tomando en el transcurso del tiempo no son más que "el designio de Dios", Si así hubiera sido Jesús en ningún momento hubiera elegido hombres casados para su causa, puesto que si el matrimonio es una unión sagrada de Dios, el mismo Jesús no podía ir en contra de los mandatos divinos, puesto que estaría quebrantando la ley de Dios mismo al estar con su palabra y su mensaje afectando la unión sagrada del matrimonio de estos hombres que decidieron seguirle.

La vida en matrimonio es el estado más ideal del hombre para la propagación de las especies y para su propio desarrollo espiritual. No es encerrándose en una sacristía desde donde se pueden superar los momentos de "prueba" de nuestra vida puesto que es precisamente dentro del vínculo familiar donde se conocen las mayores tentaciones, donde se experimenta la mayor prueba de amor verdadero para con la pareja y con los hijos y donde se vive la realidad tal cual es en todos los aspectos. ¿Cómo puede entonces una persona que jamás ha sabido lo que es vivir en compañía de alguien más, entiéndase por esto esposa e hijos, aconsejarte acerca de tu vida conyugal cuando se supone que ellos no tienen idea de lo que es la vida en común? ¿Cómo pueden aconsejarte la manera de solucionar problemas que ellos jamás han experimentado? ¿Cómo pueden decirte cómo educar a tus hijos cuando ellos no los tienen y no han pasado jamás por los problemas que los padres atraviesan a través de las diferentes etapas de la vida de sus hijos, o es que tú acostumbras a pedirle consejos financieros a limosnero de la esquina?

¿Cuántas personas soportan el yugo de un matrimonio que no les hace felices simplemente porque de acuerdo a ellas la promesa matrimonial es hasta que la muerte los separe? cosa que está muy pero muy lejos de los designios de Dios. Esa frase, para quienes no se han enterado, no era así al principio, puedes leer el libro del Deuteronomio para que aclares algunas dudas. Por otro lado, debes recordar que en la misma biblia dice que algunos, la mayoría de los apóstoles de Jesús eran casados y dejaron a sus familias por seguirle, ¿no es acaso eso un tipo de divorcio, o mucho peor, de abandono? En 1528, Enrique VIII, Rey de Inglaterra, solicitó la disolución de su matrimonio para poder casarse nuevamente porque su esposa actual no había podido darle hijos varones y esto ponía en riesgo la Corona. En ese tiempo la Iglesia estaba muy "comprometida" con la Corona de España y como la Reina de Inglaterra era hija de los reyes de España, pues simplemente no convenía quedar mal con quienes proporcionaban favores a la Iglesia, le concedió a Enrique la posibilidad de tener otra mujer pero Catalina seguiría siendo su esposa hasta el día de su muerte, todo sea por el bienestar (entiéndase intereses) de la Iglesia. Enrique, quien no se quedó contento ni estaba de acuerdo son esto en lo absoluto, puso fin a todo tipo de relaciones con la Iglesia Romana, instituyo una nueva religión en la cual, tanto el matrimonio como el divorcio es permitido incluso para sus dirigentes a quienes por cierto, no se les llama sacerdotes mucho menos "padres"; Porque si mal no recuerdo la Biblia dice que Padre sólo hay uno. Ellos se hacen llamar "reverendos". Y su autoridad son los obispos locales en cualquier parte del mundo, de esta manera queda así formalmente instituida la iglesia Episcopal Anglicana, completamente independiente de Roma y como él era el rey pues bastaba con dar una simple orden para que toda Inglaterra adoptara esta nueva religión. Como mero comentario debo decir que al momento de su muerte Enrique VIII había tenido ya seis esposas. ¡Qué cosas!!!

De ninguna manera un Dios de amor nos puede obligar a vivir unidos a una persona que ha dejado de amarnos ni permanecer unidos en santo matrimonio "hasta que la muerte nos separe". La única "muerte" que nos da derecho a buscar por otro lado debe ser la del amor, lamentablemente existen personas que se lo toman muy en serio y por presiones religiosas permanecen unidas a su pareja aunque su matrimonio sea un infierno, en el que el único diablo con trinche es la propia religión a quienes ellos les han entregado el control total y absoluto de su vida y sus decisiones. Hay quienes con todo el dolor de su alma cuando ya no pueden más, deciden tomar la difícil decisión de separarse aunque esto les valga la ex-comunión de su religión y pasen a ser oficialmente adúlteros, pecadores e indignos de compartir y ser parte de las celebraciones religiosas en todos los aspectos y por esta causa viven el resto de su vida con esas "etiquetas" morales y psicológicas. Llegan a sentirse realmente indignos y culpables por el simple hecho de creer que Dios no les perdonaría jamás el hecho de hacer valer su dignidad como personas y sobre todo como hijos de Dios y hacer valer su derecho al libre albedrío que Dios mismo nos ha regalado, la palabra sacramento deriva de lo sagrado y nada que no tenga su fundamento en el amor puede conservar su validez sacramental, el sacramento queda disuelto cuando desaparece su razón de ser —que es el amor, no necesitas una dispensa, una disolución o una anulación, no hace falta un papel con autorización de nadie para que tu hagas valer tu derecho a buscar de nuevo la felicidad con otra persona que sí esté dispuesta a compartir su luz contigo.

CUARTA PARTE

DE REGRESO AL PADRE

"Necesitamos muchas vidas, revestirnos de múltiples cuerpos, nacer y morir y volver a nacer muchas veces para llegar al fin último de la perfección que es el que los dioses nos reservan. Esta ley de vidas sucesivas da la adecuada explicación a todas las desiguales manifestaciones de nuestra existencia".

Pitágoras

XVIII.
EL DOGMA DE LA MUERTE

¿De qué muerte hablamos cuando hablamos de la muerte? ¿Qué sucedería si hubiéramos crecido sabiendo que una de las mejores cosas que hay en esta vida es la muerte? La muerte nos parece tan espantosa e indeseable que no queda lugar para la fe, es decir, todos queremos ir al cielo pero entre más nos tardemos mejor, si nuestra fe fuera genuina ¿No nos moriríamos por morirnos? El día que dejemos de luchar por lograr la vida eterna y nos demos cuenta que nuestra vida ES ETERNA muchas cosas van a cambiar en nosotros. Para tristeza nuestra se nos ha hablado toda nuestra vida que no hay cosa más triste que la muerte, incluso esas personas tan religiosas que han leído las escrituras y los libros sagrados una y otra vez acerca de la vida después de la muerte no quieren morirse. ¿Por qué? ¿Es que acaso no es la vida después de la muerte lo que verdaderamente estamos buscando o su fe no es auténtica?

Muchas religiones del mundo creen en la reencarnación, la Iglesia Católica también la profesaba hasta el Concilio de Constantinopla, en el año 553, cuando se votó la supresión de la doctrina de la reencarnación de los textos bíblicos. La reencarnación contesta numerosos interrogantes y da sentido a todos los aspectos de nuestra existencia. Una sola vida no es suficiente para alcanzar la perfección, cuando comenzamos a creer que Dios nos ama suficiente para darnos las oportunidades que sean necesarias por medio de la reencarnación nos damos cuenta de que la vida no es tan injusta como pensamos, todo tiene una razón en nuestro actuar y en el de todos y cada uno de nosotros aunque en muchas ocasiones no estemos de acuerdo con ello. El Dios castigador del que tanto nos han contado no existe, Dios es un padre amoroso dispuesto a darnos una y mil oportunidades. Dios no castiga, nos da la oportunidad de aprender por el proceso de ensayo y error, no practiques la virtud para obtener recompensa y ni tampoco evites el "pecado" por miedo al castigo, de ser así ¿Qué valor tiene tu virtud? No hay ningún mérito en el logro por miedo al castigo. La vida se trata de aprender de nuestras decisiones sobre todo de aquellas que son contrarias al amor, hasta lograr la elevación de nuestras almas. El miedo a la muerte se debe más que nada a la ignorancia, a la gran cantidad de ideas distorsionadas que tenemos acerca de ella, al miedo infundido por las religiones a lo largo de los tiempos y porque todos tenemos un miedo natural a lo desconocido. Le tememos a la muerte porque ignoramos que somos inmortales, la muerte no tiene por qué causarnos temor, al final del día dormir es como practicar la muerte y morir es dormir sin levantarse ni para ir al baño. Enfrentar y aceptar la muerte como un proceso natural sería mucho más fácil si en primer lugar nos deshiciéramos de nuestros miedos, y la mejor manera de hacerlo es despertando nuestra conciencia y eso significa comenzar la búsqueda de nuestra propia verdad, defender nuestras ideas y vivir de acuerdo a nuestras propias convicciones. La ignorancia desaparecerá y el miedo dejará de existir cuando hayamos descubierto el verdadero sentido de nuestro paso por este mundo porque seremos capaces de comprender aceptar y creer firme y verdaderamente en la infinita misericordia de Dios y en la inmensa cantidad de oportunidades que tiene para nosotros.

Cuando se habla de la muerte vienen muchísimas preguntas a nuestra cabeza, la mayoría de ellas las reprimimos por miedo a "ofender a Dios" no estamos acostumbrados a pensar y a razonar, mucho menos a defender nuestras propias convicciones y puntos de vista, como ya lo mencioné antes, desde muy pequeños se infundió este temor en nosotros y la creencia de que no somos capaces de mantener una relación directa con ese Poder Superior y que el cuestionarnos las enseñanzas recibidas era un poco más que blasfemia. Se nos impusieron dogmas, prohibiciones, limitaciones, pero sobre todo miedos y una gran sensación de que no valemos y no somos capaces; Sin embargo, esas preguntas siempre están ahí aunque tengamos miedo de expresarlas incluso de pensarlas,

Tenemos la errónea idea de que cuando alguien muere tiene sólo dos opciones, el cielo o el infierno, tenemos en nuestra casa la mejor tecnología satelital con televisores plasma de tercera dimensión, alta definición y un Dios medio borroso y en blanco y negro. Nos parece demasiado irracional pensar que Dios en su infinita bondad es capaz de perdonar hasta la más grande ofensa incluso a aquellos que han muerto sin arrepentirse de sus "pecados". Nos parece injusto que nosotros pasemos una vida tratando de hacer todo aquello que "agrada" a Dios y que al final tengamos la misma oportunidad que aquellos que no lo han hecho. Te parecerá aberrante si te digo que Harry Truman, Adolfo Hitler, Osama Bin Laden y Sadam Hussein compartirán la Gloria de Dios junto a la Madre Teresa, seres diametralmente opuestos. De la misma manera te costará trabajo estar de acuerdo si te digo que los narcotraficantes que han envenenado tantas vidas inocentes y han matado a tanta gente estarán al final en el mismo lugar que los monjes tibetanos que han llevado toda una vida de oración y sacrificio, quienes tienen una muerte repentina, quienes se suicidan, quienes nunca en su vida practicaron una religión incluso los que nunca llegaron a creer en Dios, todos ellos estarán en el mismo lugar que la más santa y pura persona que hayas conocido, porque la vida no se termina el día de la muerte, la muerte es sólo un medio de transición, es un descanso para recargar baterías, una parada de autobús para usar el baño, tomar algo y estirar las piernas, una luz roja del semáforo para continuar el siguiente bloque, un nivel superado para continuar el juego.

Esos seres iluminados que nos ha tocado conocer, a los que les parece tan fácil entender el significado de la vida y de la muerte no son más que almas que ya han experimentado millones de vidas, almas viejas que ya han recibido miles de oportunidades, ya han aprendido sus lecciones y están mucho más cerca que nosotros de su objetivo final que es Dios, nuestro origen; Nada de esto es comprensible sin la aceptación de que Dios es mucho más que cielo e infierno, premios y castigos, de que su amor es infinito y de que nuestro destino final siempre y para todos es lograr vivir la experiencia de la gloria del amor perfecto, ese que sólo viene de Dios y sólo lo logran las almas que ya han aprendido su lección. Esto sólo se puede dar viviendo todas y cada una de las experiencias que esta vida nos ofrece, cosa que no es posible sin aceptar y creer en la idea de la reencarnación.

La idea de una sola oportunidad, el concepto del infierno y la existencia de un Dios que juzga y castiga sería muy injusto para aquellas almas que viven en el abandono, para quienes nacen discapacitados, para quienes mueren sin la oportunidad de reconciliarse, para los que sufren la guerra, el hambre, la violencia, la ignorancia, no sería justo para los ciegos, para los mudos, para los paralíticos, incluso para los que por su ignorancia son generadores del terror o por sus miedos víctimas del abuso, para los que viven envenenando cuerpos con las drogas ni para sus víctimas, no sería justo para los que no han tenido oportunidad de conocer el verdadero amor de Dios, no sería justo para los que son asesinados, rechazados, esclavizados, como tampoco lo sería para los que nunca se dieron cuenta de sus propias capacidades de vencer cualquier obstáculo y terminan optando por el suicidio, vacíos de esperanza, de amor y de fe en Dios.

La muerte solo es horrible si la miras como el fin de todo, pero si cambias tu programación y tus ideas adquiridas y comienzas a verla como una aproximación a Dios, como el inicio de una nueva aventura, de una nueva oportunidad, como un descanso de lo denso, de la materia, del tiempo y la distancia, todo en esta vida tendría sentido. Somos esclavos del tiempo cuando en realidad el tiempo no tiene ninguna incidencia en nosotros, nacemos, nos desarrollamos morimos y regresamos. Somos eternos!

En la mayoría de las religiones indúes, el suicidio es aceptable. Para ellos es válido que acabes con tu vida si no la estás viviendo de la manera que te haga feliz, en cierta forma es parte de su libre albedrío porque ellos creen en la reencarnación y saben que tendrán otra oportunidad después de ésta. Para las religiones cristianas el suicidio no es aceptable desde ningún punto de vista, ni el asesinato, a menos, por supuesto que sean los personajes de las sagradas escrituras los que lo lleven a cabo o que esté justificado con las cruzadas, la "Santa Inquisición" o cualquier otro movimiento religioso para "salvaguardar" la fe ¿Irónico, no?. El suicidio no es más que estancamiento de energía, perdida de "tiempo", te lo explico de manera que lo entiendas:

Cuando uno de tus hijos, o tú mismo, decide comenzar una carrera universitaria con la intención de disfrutarla y completarla pero a mitad de ella se da cuenta que no es lo que buscaba o que simplemente no le gusta lo que está haciendo y decide abandonarla. Nosotros como padres no los vamos a meter al horno de la estufa por haber tomado esa decisión, de eso estoy segura, probablemente nos decepcionemos por no haber tenido la responsabilidad, la constancia y la capacidad de terminar lo que comenzaron pero no por eso dejaremos de amarnos, les daremos la oportunidad de elegir una nueva carrera o puede ser que los pongamos a buscar un empleo para que puedan conocer la experiencia del sacrificio y del cansancio y que aprendan de esta manera a responsabilizarse de sus actos y sus decisiones. Pero nunca, nunca los castigaríamos de tal manera en una olla de agua hirviendo para que aprendan su lección, siempre habrá de una u otra manera una segunda oportunidad en un entorno diferente, asumiendo conscientemente que el abandono de los estudios no fue más que una "pérdida de tiempo", les buscaremos otra escuela, otra actividad y les daremos la oportunidad de aprender de sus errores. Lo mismo sucede con las personas que deciden acabar con su vida sin antes aprobar todas las materias, sobre todo la del amor. No estoy afirmando con esto que el suicidio es una opción, no lo es, desde ningún punto de vista, pero si es una muestra de nuestra total y completa falta de fe en Dios y en que podemos salir adelante no importa lo difícil que nos parezca la situación en que nos encontremos. Somos superiores a cualquier situación que tengamos que enfrentar lo único que necesitamos es saberlo y estar conscientes de ello. Sin embargo la mayoría de nosotros vivimos minimizados por los miedos, aterrorizados por la amenazas de un fuego eterno que nos consumirá sin fin, esclavizados por gran cantidad de creencias adquiridas que muchas veces nos hunden más que darnos esperanza. Dios no nos va a mandar al castigo eterno por no haber sido constantes, como padre amoroso nos va a dar una y otra y otra oportunidad hasta que logremos superar todas nuestras experiencias y aprender la ley del amor.

Las religiones cristianas se cuidan mucho de aceptar este tipo de cuestiones, principalmente la de la reencarnación, en primer lugar porque estaría dando pie a que mucha gente opte por el suicidio en lugar de vivir sus experiencias, sobre todo las de dolor. Sin embargo, en los tiempos de Jesús se creía en la reencarnación, de otra manera no podríamos explicarnos el texto de Mateo donde nos cuenta:

"Al llegar Jesús a la región de Caesarea de Filipo, preguntó a sus discípulos: '¿Quién dice la gente que soy yo?'. Ellos dijeron: 'Unos dicen que eres Juan Bautista; otros dicen que Elías; otros, que Jeremías o alguno de los profetas'. (Mc 8:28)

El mismo evangelista nos cuenta esta otra historia:

Sus discípulos le preguntaron: -¿Por qué, pues, dicen los escribas que Elías debe venir primero?

Respondió él: «Ciertamente, Elías ha de venir a restaurarlo todo. Os digo, sin embargo: Elías vino ya, pero no le reconocieron sino que hicieron con él cuanto quisieron. Así también el Hijo del hombre tendrá que padecer de parte de ellos.» Entonces los discípulos comprendieron que se refería a Juan el Bautista. (Mc 9:13)

¿De qué otra manera se puede explicar esto, que no sea porque ellos creían en la reencarnación de Juan el Bautista, de Elías, de Jeremías y de cualquiera de los otros profetas y por lo tanto en la de todos y cada uno de nosotros?

Cuando una persona muere no muere en realidad, lo que sucede es que esa persona ya ha cumplido su ciclo de experiencias, lo que tenía que vivir ya lo vivió, lo que tenía que hacer en este ciclo ya lo hizo. Ahora le corresponde analizar esas experiencias como espectador, reconocer sus desaciertos y regresar en otro tiempo, en otro entorno, conocer otras personas pertenecer a otra familia, vivir nuevas experiencias. Cuando es a nosotros mismos a quienes nos toca abandonar el cuerpo que hemos habitado hasta ahora, vienen muchos miedos a nuestra mente, el principal miedo es precisamente la muerte, porque no hemos logrado comprender que la muerte como tal no existe, que seguimos latentes, que nuestras almas son eternas, que estamos dando un paso más, que hemos cumplido nuestra misión. Cuando una persona muere víctima de una enfermedad terminal, no es más que uno más de los procesos que su alma necesita experimentar. Todos en alguna de nuestras vidas moriremos de esa manera para que podamos vivir esa experiencia. Lo mismo cuando una persona muere repentinamente, está viviendo su experiencia, quizás en otra vida ya le tocará experimentar la muerte lenta, el arrepentimiento y la oportunidad de despedirse en paz o quizás ya lo vivió por lo tanto ese proceso ya no es parte de sus experiencias por vivir. Hitler era un alma, en un cuerpo lleno de maldad, era un alma experimentando la vida, completamente carente de amor y de compasión. No sólo asesinó a miles de personas por no estar de acuerdo con su religión (por cierto, era muy católico), su origen, ni siquiera con su color de piel, sino que al final y para ponerle la cereza al pastel el mismo se quitó la vida. Era un alma viviendo en un infierno y Dios no deja a nadie en esas condiciones por una eternidad, de ser así Hitler seguiría con vida, porque el infierno es aquí y ahora en este entorno. Cada uno de nosotros creamos nuestro propio infierno si así lo deseamos. Esa alma cumplió su proceso en el cuerpo de Hitler y vivió la experiencia de la ausencia absoluta del amor, no nos extrañe encontrarla de nuevo n una nueva persona, con otro idioma, con otro nombre… lleno de bondad.

Algunas doctrinas afirman que después de la muerte el alma experimenta un proceso en el cual puede ver la experiencia de vida que acaba de terminar. La observa como espectador en forma retrospectiva, nuestra propia alma evalúa todos y cada uno de los sucesos y el impacto positivo o negativo que tuvo en su relación con todas y cada una de las personas con quienes tuvo contacto. No debe confundirse en este caso la evaluación con el juicio, el alma no juzga su vida pasada porque todo juicio genera una decisión definitiva a favor o en contra, una evaluación tiene la finalidad de analizar y rectificar decisiones y es esto precisamente lo que le corresponde a nuestras almas después de la muerte. Concluida la retrospección, el alma recibe una nueva oportunidad para rectificar sus acciones y continuar su proceso de aprendizaje. El propósito de la reencarnación es lograr mediante infinidad de experiencias la elevación de nuestras almas. Como ya lo dije, esa misma alma que alguna vez habito el cuerpo de Hitler ahora bien podría estar habitando el cuerpo de una persona entregada completamente a las cosas de Dios viviendo una experiencia diferente. Cuando comenzamos a hablar de la reencarnación y su objetivo nos viene otra pregunta: ¿Por qué no recordamos nuestras vidas pasadas? ¿Cómo podemos rectificar si no tenemos idea de lo que pudimos haber hecho? Recuerda que para Dios no hay límites, para el alma tampoco, el hecho de que nuestra memoria o nuestra inteligencia humana no puedan recordar no significa que el alma lo haya olvidado. Dios en su infinita sabiduría no nos permite recordar pues esto afectaría nuestro crecimiento espiritual; Imagina que recuerdas, ¿No te aferrarías al pasado? Tratarías de encontrar a quienes fueron en otra vida tus hijos o tus seres queridos para decirles "¡sorpresa! Aquí estoy otra vez, ¡soy yo, en otro cuerpo!" y eso no tendría nada de gracia, estarías interfiriendo en el curso normal de sus experiencias, este mundo sería un caos, perderías incluso tu sentido de identidad porque no sabrías entonces ni quién eres ni cuál es tu sitio.

Hay personas que creen que quienes que mueren sin el arrepentimiento o el perdón de sus "pecados" vagan por este mundo convertidas en fantasmas pagando por sus penas en espera de la misericordia de Dios, de acuerdo a ciertas creencias son almas "indignas", que no han alcanzado la misericordia de Dios, nuevamente entramos en conflicto al limitar la misericordia infinita de Dios, ¿qué parte de "infinita" no hemos logrado entender? ¿Cuándo vamos a lograr comprender que para Dios no existen los opuestos, el cielo y el infierno, lo bueno y lo malo, lo correcto y lo equivocado, lo digno y lo indigno, el premio y el castigo? Todas esas cosas son clasificaciones de la "inteligencia" humana; Los fantasmas, al igual que el infierno de llamas eternas no existen, esas son fantasías aterradoras creadas por el miedo atroz que domina nuestro subconsciente, nadie anda por ahí perdido en este mundo esperando la misericordia de Dios como si Dios tuviera lista de espera. Dios no tiene problemas de tiempo y espacio, esos espectros que a veces creemos ver no es más que acumulación de energía que nuestro cerebro y nuestros propios miedos traducen en formas humanas o en cualquier otro tipo de espectro espeluznante. No niego con esto la existencia de cosas "paranormales" existen cosas que no tienen una aparente explicación pero como ya lo dije antes, es el resultado de acumulación de energías o de exceso de imaginación, de ninguna manera son almas en pena.

Otro "fenómeno" al que hemos considerado una prueba de que las personas que mueren y van directamente al cielo es que tienen la capacidad, no sólo de estar pendientes de nuestras vidas acompañándonos en todo momento sino que están ahí esperando por nosotros, no es más que un consuelo para nuestra limitada mente humana, para nuestra necesidad de sentir cerca a las personas que ya se han ido y lo único que prueba es nuestra falta de desapego. Seguimos atados a ellos, seguimos atando su recuerdo a nosotros, seguimos teniéndolos prisioneros en nuestro subconsciente, no los hemos dejado ir porque no hemos querido, porque tenemos miedo a su ausencia, a nuestra soledad, porque de alguna manera es un consuelo que nosotros mismos nos hemos creado para poder seguir sin su presencia física, los hemos convertido en una presencia imaginaria. Algunas personas a las puertas de su muerte aseguran haber visto a su madre, a su hijo, incluso a Jesús llamándole para que abandone este mundo, dándole ánimos o incluso diciéndole que tiene que regresar. Eso no es más que una convicción espiritual representada en el ser en el que ellos creen, es un referente en el cuerpo y la forma que su subconsciente mismo les ha asignado. Desean poderosamente que esa persona de verdad se encuentre gozando del cielo en compañía de Dios por lo tanto así lo imaginan. Creen de verdad que Jesucristo está ahí, del otro lado esperándolos con los brazos abiertos para llevarlos al Padre, por eso así lo imaginan, es una creación de su subconsciente en base a la fe, los miedos, el amor o sus propios deseos. ¿Te has preguntado por qué los budistas nunca han visto a Jesús a la hora de su muerte? ¿Porque un musulmán nunca ha visto a la Virgen mostrándole el camino? ¡Porque no creen en ellos! Porque para ellos no significa nada, no es un referente, porque no están en su subconsciente ni en sus pensamientos; ¿te has igualmente preguntado por qué los hindúes nunca han visto a su madre esperándolos con los brazos abiertos? Porque eso no forma parte de sus creencias porque ellos creen firmemente en la individualidad y en la reencarnación. Ellos de alguna manera saben que todas las personas que ya han cruzado esa línea están bien y se encuentran en un proceso de recapitulación de sus vidas preparándose para volver o bien, ya han regresado en otro cuerpo, en otra forma y en otro lugar a este mundo.

Desde el primer contacto con la muerte en nuestras vidas, no sólo la religión sino toda la familia y la sociedad nos enseñan que la muerte es lo peor que nos puede pasar, que hay que llorar, gritar y hacer tragedia. Se reza para que el alma del difunto alcance el perdón de Dios. Nos enseñan que todo aquél que muere nunca más regresa, sino que su alma se va a otro lugar dependiendo de su comportamiento durante su vida, al cielo o al infierno. ¿Qué hubiera pasado si en lugar de enseñarnos todo ese miedo a la muerte y la tragedia de la misma nos hubieran hablado de la hermosa oportunidad que Dios nos ofrece para ser felices aquí en esta vida, independientemente del ambiente que te rodea, de quién seas y de las creencias que se te vayan ofreciendo en el camino? La meta es ser feliz, es la única manera de llegar a conocer la Verdad para el día en que nos vayamos lo hagamos con la tranquilidad de haber hecho lo mejor que podíamos con esta oportunidad que Dios nos dio de vivir una vida llena de experiencias de todos colores y sabores. La felicidad no es una garantía, es algo con lo que nacemos y podemos perderla en el primer descuido si no entendemos cuál es nuestra razón de nuestro paso por este mundo y si nos dejamos influenciar por toda clase de doctrinas y presiones sociales. De nada valen los rezos cuando alguien ya se ha ido, lo que realmente cuenta son las obras y una actitud de gratitud a Dios por todo aquello de lo que hemos tenido la oportunidad de disfrutar, por todo lo que nos ha sido dado, por lo que hemos elegido hacer uso y por lo que hemos dejado de lado. Los rezos después de la muerte realmente no ayudan a alguien a alcanzar "la Gloria de Dios" si esta persona durante toda su vida no movió un dedo para lograrlo. Solos llegamos y solos nos vamos, tu salvación no depende de los rezos de nadie, sino de tus propias obras, independientemente de las corrientes religiosas que decidas o no seguir, debemos empezar a creer que después de la muerte corporal, sean una o diez mil las que nos toque experimentar, innegablemente lograremos el despertar de nuestras almas, en eso consiste la infinita misericordia de Dios.

Incluso las religiones nos enseñan que lo mejor de la vida viene después de la muerte. Entonces, ¿porque la tragedia? ¿Por qué tanto miedo a la muerte? Porque en el fondo todos sabemos que hacemos mucho menos de lo que está a nuestro alcance para vivir en armonía con todo y con todos y poder así, perderle el miedo a la muerte y para esto también es necesario empezar por des-hacernos de las amenazas religiosas y comenzar a vivir una vida de verdadera comunicación directa y personal con Dios. Todos los esfuerzos que los nuestros hagan una vez que nos hayamos ido son completamente inútiles puesto que tu "salvación" no depende de un rezo por el perdón de tus "pecados" sino de una vida de comunión con los demás. Es precisamente mientras estamos vivos y por medio de nuestras relaciones con los demás, como realmente podemos ayudarles y ayudarnos a alcanzar la Gloria de Dios de la que tanto nos han hablado. Siendo honestos, cuando un ser querido muere, realmente no lloramos por el que se murió sino por el vacío que se nos queda a nosotros. Es egoísmo personificado el que llora por saber que no vamos a volver a ver a esa persona o por nuestros propios remordimientos por no haber hecho por ellos lo que podíamos cuando aún podíamos hacerlo. Si nuestra fe en esa vida perfecta y maravillosa después de la muerte es genuina entonces deberíamos sentirnos despiadadamente contentos de que esa persona a la que amamos ha dado un paso más para la elevación de su alma. Desgraciadamente, nuestras actitudes aprendidas y nuestro propio egoísmo nos dicen que lo correcto es sufrir, llorar y hacer tragedia por el suceso. En muchas ocasiones el sentimiento ni siquiera es tal, pero lloramos para mostrar a los demás que somos "normales" porque tremendo juicio social nos esperaría si no "actuáramos" a nivel de tragedia. Nadie entendería lo que tú si entiendes, somos tan egoístas que no nos atrevemos a celebrar la muerte y lloramos porque alguien ha dado un paso más a otra oportunidad de vida antes que nosotros.

Otro de los miedos que enfrentamos es el dejar a nuestros seres queridos, sobre todo cuando tenemos hijos y más si estos son pequeños. Eso significa que no hemos aprendido la lección del desapego, de la individualidad, no logramos entender y aceptar que nuestros seres queridos a quien tanto miedo tenemos dejar también son almas en proceso y que a ellos les toca vivir la experiencia de una vida sin ti. El mundo no se detiene cuando alguien muere, tampoco lo hará cuando a ti te toque marcharte, llorarán su pena, te van a extrañar pero van a seguir con sus vidas y les corresponde a ellos dejarte marchar y te corresponde a ti asumir y aceptar que no eres tú quien debe hacerse cargo de ellos. Tú no eres responsable de ellos, ellos tienen ya sus propias experiencias por vivir y lo harán sin ti porque no has venido al mundo para hacerte cargo de nadie y aunque nos duela no somos indispensables para ninguno de ellos. En el tema de la muerte surgen muchísimas interrogantes. Para muchos de nosotros la vida tiene muchos aspectos que nos parecen "injustos" desde nuestro punto de vista, como por ejemplo, el tener una vida relativamente "corta" aún si sabemos que vamos a vivir 80 o 90 años. Porque conforme maduramos nos damos cuenta en muchas ocasiones que nuestra infancia no fue justa, que nos tocó renunciar a muchas cosas, a veces por la pobreza extrema, a veces por la falta de la compañía de un padre, otras veces porque hubiéramos deseado crecer en un entorno diferente. Luego nuestra juventud se nos va sin ni siquiera percibirlo. A esa edad somos tan superficiales, tan vacíos y tan ignorantes de lo que verdaderamente vale la pena y cuando reflexionamos y comenzamos a valorar lo que realmente es importante, cuando la preocupación por la moda y las diversiones se ha ido, vemos hacia atrás y nos damos cuenta que la mitad o más de la mitad de nuestra vida ya se ha ido. Tenemos una idea equivocada de la muerte por eso le tenemos miedo, tenemos miedo a desprendernos, tenemos mucho miedo de "realmente morir" cuando es solamente un paso más en la eterna danza de nuestras vidas. Si conociéramos el verdadero sentido de la muerte nos daríamos cuenta que es menos triste que la vida que muchos de nosotros hemos llevado hasta ahora. Si nuestra vida estuviera limitada a una sola existencia, el sufrimiento y el dolor carecerían de sentido; pero si aceptamos los contratiempos y las experiencias de dolor sabiendo que están limitados solo a un espacio de tiempo y que ese lapso tan corto no es la única oportunidad ni mucho menos es definitivo, sería más fácil entender y aceptar los acontecimientos que afectan a toda un encarnación. Es decir, no verías la vida como un acontecimiento sin sentido ni lleno de injusticias porque serias consciente de que esta vida que estás viviendo aquí y ahora no es más que una parte del proceso de aprendizaje de alguna de las innumerables lecciones que nos quedan por aprender. Esta vida que estás viviendo ahora no es más que un lapso más de preparación para llevar una vida más noble en nuestra siguiente oportunidad. Al final todos conoceremos la Gloria de Dios cuando hayamos logrado conocer el amor.

Piénsalo, Si Dios es eterno, si para el Él tiempo no es un problema, si su amor es infinito, si nuestro fin es regresar a nuestro origen, una sola vida, una sola oportunidad no alcanza. Es ilógico pensar que Dios nos haya creado para llevar una vida de sufrimiento como única condición para compartir su plenitud, es ilógico pensar que al morir se acaban nuestras oportunidades, seamos realistas y asumamos que una vida tan corta no alcanza para rectificar nuestras decisiones, tomando en cuenta que el aprendizaje es diario desde el primero hasta el último día de nuestro paso por la tierra y es aún más ilógico que hayamos sido creados para luchar por la salvación de nuestras almas y de no lograrlo iremos indiscutiblemente a las llamas eternas del infierno. Eso no corresponde a un Dios de amor y de bondad ya que una sola vida no es suficiente para lograr lo extraordinario, para experimentar el amor, el sufrimiento, la aceptación y el perdón en todas y cada una de las experiencias que la eternidad nos ofrece.

Hay una película de 1995, Jumanji, una película cualquiera, nada que ver con el tema religioso, que bien pudo haber pasado desapercibida para mí de no ser porque al inicio de ésta, cuando se muestra la caja que contiene el juego y sus instrucciones hubo dos textos que llamaron mi atención:

"Jumanji, un juego para aquellos que pretenden encontrar"... *"Una manera para dejar el mundo atrás"*

En esta película se deja bien claro que Jumanji, es un juego que tienes que jugar si no quieres que el juego juegue contigo o dicho de otra manera, si no quieres que Jumanji te juegue a ti. Jumanji es un juego lleno de aventuras que tienes que superar para lograr pasar al siguiente nivel sólo para encontrarte con más aventuras completamente diferentes a la anterior, una vez comenzado el juego, debe jugarse hasta el final para no quedar atrapado en él. ¿Acaso no es esto la vida misma? Inténtalo, cambia la palabra Jumanji por la palabra "vida". La vida es una experiencia en la que cada uno de nosotros debe encontrar su verdad a través de infinidad de experiencias, una vez que lo hagamos podremos dejar las cosas del mundo atrás, es decir, todo aquello que no nos sirva para la evolución de nuestras almas. Tenemos dos opciones: aprender a vivir la vida, disfrutar de sus experiencias reconfortantes y superar todas aquellas que impliquen dolor o sufrimiento o dejar que la vida nos lleve por donde ella quiera, permitiendo que sea nuestro entorno quien defina los sucesos y nuestras experiencias. Una vez que llegamos a ésta, la única opción aceptable es vivirla hasta el final y para esto tienes que aprender a vencer tus miedos. No importa lo difícil que la situación parezca, decide jugar y no abandones el juego, ¡juégalo hasta el final!

La aceptación es grandeza y disposición
de llevar nuestras almas a un nivel más elevado,
la resignación es sentir lastima por nosotros mismos.
La aceptación es seguir de pie y dar la cara,
la resignación es la auto-rendición.
Rocío Gaxiola-Shaheen.

XIX.
LA ACEPTACION Y EL PERDON

Dejemos de preguntar a Dios el porqué de lo que nos sucede o nos deja de suceder, en esta vida cada cosa está en el lugar que le corresponde y que todo tiene una razón, nos guste o no, nos agrade o no, lo entendamos o no, cada cosa tiene una razón de ser, cada día de nuestra vida tiene una razón, cada persona en tu vida tiene una razón para estar ahí al igual que una razón para irse cuando llegue el momento. Cada experiencia de dolor tiene su propia razón de estar ahí, ¡encuéntrala! Sé como el agua, que cuando encuentra obstáculos en su camino se adapta y los supera sin ningún tipo de resistencia. Aceptación no es lo mismo que resignación, se acepta cuando se tiene madurez espiritual, nos resignamos cuando no hemos entendido el sentido de nuestro paso por esta vida, la aceptación es grandeza y disposición de llevar nuestras almas a un nivel más elevado, la resignación es sentir lastima por nosotros mismos, la aceptación es seguir de pie y dar la cara la resignación es la auto-rendición para no tomar la parte de responsabilidad que nos toca en los sucesos que no nos hacen precisamente felices.

De nada te sirve el rezo que has repetido de memoria por tantos años si no eres capaz de incorporar a tu vida el compromiso del amor y del perdón para con nuestros semejantes y al decir semejantes me refiero a las personas más próximas a ti, prójimo significa "próximo" "cercano" el que está junto a ti y ahí es donde las cosas se ponen difíciles. ¿Cuántas personas están siendo hoy víctimas de tus juicios? Si tuvieras que hacer una lista… esposo, esposa, hijos, nietos, vecinos, amigos, familiares, maestros, los protestantes, los drogadictos, las madres solteras, los divorciados, las prostitutas, etc. ¿A cuántos no has logrado perdonar?

¿Te has puesto en los zapatos de esas personas? Sea lo que fuera que te hayan hecho, o peor aún, las que ni siquiera te han hecho nada. ¿Conoces sus razones? ¿A cuántos no has querido soltar y dejarlos vivir sus propias experiencias? ¿Cuántas personas traes en tu maletita del rencor? Tu ex-pareja, la novia, la esposa o la amante de tu hijo, los que no comparten tu punto de vista, los que dejaron de ser tus amigos, los que traicionaron tu confianza, etc. ¿Cuántas personas están siendo víctimas de tu falta de amor? Si en realidad Dios fuera el juez que la religión nos pinta, ¿Cómo sería tu juicio si hoy estuvieras frente El? ¿Cuánto amas? ¿A quién no has logrado amar? Tus vecinos, los que practican una religión que no es la tuya, tu nuera, tu yerno, tus familiares más cercanos, tus hijos, tus nietos, etc. Regálate unos minutos, se vale cerrar el libro y pensar un poco. Haz una lista, si eres realmente honesto te puedes llevar una sorpresa

Cada ser humano es igualmente valioso e importante para Dios, todos y cada uno de nosotros tenemos el mismo potencial para lograr la perfección y encontrar el camino de regreso al padre. Podemos superar la ignorancia y ver las cosas como realmente son, sólo necesitamos abrir nuestros ojos y despertar, liberarnos de todo ese aturdimiento que las corrientes religiosas y la sociedad misma han creado en nuestras mentes y cambiar esa idea distorsionada de Dios que hemos venido alimentando en el transcurso de nuestras vidas. Todos y cada uno de nosotros somos capaces de transformar el odio, el rencor, la ira, los celos y todos los sentimientos negativos y los defectos de carácter en amor, paciencia y generosidad para con nuestros semejantes. Debemos comprender y aceptar que nadie nos salva, que somos los únicos responsables por nuestras acciones y nuestras omisiones, que de nosotros depende el camino que tomemos y las consecuencias que tengamos que enfrentar, vencer los miedos, los dragones y los duendes que nos aterran y debilitan nuestra fe en Dios nuestro creador y nuestra fuente de vida. No basta con conocer el camino, hay que andarlo, hay que recorrerlo y nadie puede ni debe hacerlo por ti, si grabas esto en tu subconsciente te ayudara muchísimo en el aprendizaje de la aceptación y el perdón. Las personas que en algún momento te hicieron daño, no lo hicieron porque Dios te mandara un castigo, ni tampoco porque quisieran hacerte daño, lo hicieron porque no sabían amar. Antes de amargarte la vida pensando que te hicieron daño, trata de ver las cosas desde la perspectiva de esa persona que te ha hecho sufrir, tal vez ella ni siquiera sepa que lo hizo y tú sigues amargado y triste, desperdiciando tu vida como si pudieras ir a comprarte otra en cualquier supermercado. No le otorgues a nadie poder sobre ti, no sacrifiques tu bienestar emocional y espiritual por una persona que no ha encontrado el sentido de esta vida, que no ha conocido el amor, no permitas que nadie te robe tu luz. ¡Valórate! Valora lo que tienes, vive una vida digna y aprende a amar y a aceptar cada una de las cosas que la vida te ofrece, sean lecciones o recompensas, pero sobre todo, ten fe que Dios está ahí para amarte no para juzgarte, castigarte, o condenarte esas son características particularmente humanas.

Un cuento Hindú

Cierto día un hombre se encontró un gurú en medio de la carretera. El hombre le preguntó al sabio.

¿Cuál es el camino que debo tomar para alcanzar la iluminación?

El sabio, sin decir ni una sola palabra apuntó hacia un lugar en la distancia. El hombre entusiasmado con la perspectiva de obtener la iluminación de un swami (maestro de sí mismo) de una manera rápida y fácil, salió corriendo en la dirección indicada.

De pronto, se oye un fuerte estruendo. Poco después, aparece el hombre mareado, cojeando y con la ropa hecha harapos.

Supuso que había tomado el camino equivocado, así que volvió a dirigirse de nuevo al gurú y le repitió la pregunta.

¿Cuál es el camino que debo tomar para alcanzar la iluminación?

El sabio en silencio, una vez más le indicó el mismo camino que había señalado antes. El hombre obediente, de nuevo siguió el camino indicado, pero en esta ocasión el estruendo fue ensordecedor. Cuando el hombre volvió arrastrándose, ensangrentado, abatido y muy irritado le gritó al gurú:

Yo le pregunté cuál era el camino para lograr la iluminación, seguí la dirección que me indicó y sólo escuché explosiones. ¡Ya basta de apuntar el camino! ¡Hable!

Sólo entonces el gurú le dijo:

La iluminación está justo allí, justo después de la explosión.

Para obtener la "Iluminación", es decir la paz interior, es necesario llegar al llamado "momento de explosión". Y, en la mayoría de las veces esto significa perder todo para volver a empezar desde otra perspectiva. Necesitamos trabajar en ello, avanzar hacia ello, desearlo, buscarlo, pero para conseguirlo debemos efectuar algunos cambios en nuestras vidas. Es cierto que es difícil cambiar, aprender a pensar de manera individual, pero sobre todo defender todo aquello que creemos sin perder el respeto por las creencias y la individualidad de todas las personas que no comparten nuestras ideas. Debemos ser conscientes de todo lo que implica el aprender a pensar diferente pero debemos darnos la oportunidad de un cambio de actitud y de creencias pues pensar que haciendo lo mismo, obtendremos resultados diferentes, sería una verdadera pérdida de tiempo y un desgaste emocional inútil. Conseguir nuestra libertad espiritual no es camino fácil pero de ninguna manera es imposible, recuerda que para obtener algo que nunca hemos tenido, tenemos que hacer algo que nunca hemos hecho.

La reflexión es el camino
hacia la inmortalidad;
La falta de reflexión,
es la muerte del alma.
Buda.

XX.
CONCLUSION

La vida ofrece infinidad de posibilidades, no te conformes con las rutinas, con un montón de actividades aburridas y con ideas viejas y ajenas, que no hacen otra cosa que obstaculizar tus capacidades y posibilidades y limitarte a vivir la vida desde un punto de vista adquirido y en muchos de los casos muy aceptado pero que al final de cuentas no es el tuyo. Ideas impuestas por el medio que te rodea, la radio, la televisión, la prensa escrita, todas ellas en conjunto tienen una gran capacidad para grabar en tu subconsciente sus propias ideas y puntos de vista, los cuales son constantes cambiantes como lo es todo lo referente a la manera de relacionarnos con los demás o extremadamente rígidos e inflexibles como en el caso de las instituciones religiosas y en cada uno de los casos de acuerdo a su propia conveniencia. No voy en contra de aceptar, escuchar y respetar las opiniones generales tanto de la sociedad como en el aspecto religioso siempre y cuando estas opiniones no se adopten como verdad absoluta ni les permitas regir tu vida, tus creencias, ni la toma de tus decisiones personales. Esta tarea no es fácil, pues al principio implica enfrentarnos incluso a nuestras propias ideas adquiridas, analizarlas y considerar la posibilidad de cambiarlas, una vez definidas nuestras convicciones significa enfrentar a la sociedad y a la comunidad religiosa a la cual hemos pertenecido desafiarlos y defender nuestro derecho de pensar diferente, de atrevernos a dejar de sentir el miedo y la culpa, siempre con un sentido de respeto hacia las decisiones y creencias de cada quien, lo que viene después de esto es todavía más difícil pues representa el camino menos recorrido, pero créeme que valdrá la pena cuando hayas aprendido a vivir a pensar y a creer libremente sin permitir a nadie limitar las infinitas posibilidades que Dios ha puesto a tu disposición.

¿Por qué no te atreves a dejar atrás todo este pasado que no te ha funcionado, que no te convence que no llena tus expectativas? No te pido que renuncies a todo, puedes quedarte con aquello que te haya funcionado hasta ahora pero no te niegues la oportunidad de aprender cosas nuevas y descubrir personalmente a Dios en lo cotidiano y en lo extraordinario que cada día trae consigo. No extravíes tu camino en rezos y ritos, no pases tu vida en templos y congregaciones, ve más allá de esos niveles para que puedas acceder a tu interior, ahí es el único lugar donde encontraras la paz de la que tanto has oído, en el que conocerás la felicidad verdadera de la que tanto te han contado, en donde experimentaras la comunión personal con Dios que tanto te han limitado. Ese territorio está dentro de ti y está aún por explorarse... todo eso ya te pertenece y lo único que tienes que hacer es aceptar, al igual que el mono, realizar ese viaje al interior de ti mismo, no importa cuán lejos te encuentres, no importa cuán hostil es tu entorno, no importa si te toma mil vidas llegar a comprender y aprender a practicar la dicha y el amor. Dios estará ahí, esperándote hasta que tú mismo decidas conocer el amor y dejar de practicar la depresión, la ansiedad y el miedo, cuando te canses de jugar los juegos de la negatividad, los juegos de los celos, el rencor, la rabia, la envidia, la mezquindad y el deseo para comenzar a practicar el amor como único medio para encontrar tu propia verdad.

No vivas tu vida como un espectador. En los estudios de televisión, cuando se está llevando a cabo la grabación de algún programa de entretenimiento familiar regularmente tienen artistas invitados, en estos lugares tienen algunos asientos desinados para la gente que quiere ir a ver a los artistas, las cuales no tienen que pagar para estar ahí, sólo tienen que "querer" estar ahí. Antes de comenzar las grabaciones, a cada una de estas personas se le asigna un lugar desde donde podrán apreciar el espectáculo, una vez comenzado, los encargados de la ambientación les indican a todos los espectadores en qué momento deben permanecer quietos y callados, en qué momento deben levantarse y aplaudir, en qué momento deben gritar eufóricos para luego volver a tomar sus asientos y volver a permanecer quietos y callados hasta nuevo aviso, si por alguna razón alguien en el público no cumple con las indicaciones se les retira de su asiento y traen a otra persona que si este dispuesta a "cumplir lo que se ordena" para ocupar su lugar; Nuestra vida en muchas ocasiones no es muy diferente, desde que nacemos se nos dice cuál es nuestro lugar, lo que debemos hacer, en lo que debemos creer, incluso muchas veces hasta lo que debemos estudiar o en que debemos trabajar, como debemos reaccionar ante cada suceso, cuando debemos sentirnos avergonzados, orgullosos, tristes o contentos, como debemos comportarnos en cada una de las situaciones para no ser relegados o excluidos de nuestro círculo social, religioso o familiar. No vivas tu vida como un espectador, no permitas a nadie tomar control de tus acciones o reacciones, sé el protagonista de tu vida, toma tus propias decisiones, aprende a reírte de la adversidad, atrévete a dudar de los dogmas, supérate, manifiéstate, exprésate aun sin importar que tus ideas vayan en contra de lo establecido, no permitas que nadie decida por ti, busca tu propio lugar en la vida, defiéndelo, disfrútalo, apréndelo, experimenta tu ser, tu alma, tu propia vida y sobre todo tus propias convicciones, de manera que lo único que pueda perder su lugar en tu vida sean tus miedos para dar paso a una nueva, clara, cercana y amorosa relación con Dios. No seamos simples espectadores no sigas alimentando la ignorancia no permitas que nadie dirija tu vida, tus ideas ni tus decisiones, tú eres el único capaz de validar tu propia verdad, nadie más puede hacerlo, se tú quien decide si aplaudes, te pones de pie, te sientas o simplemente abandonas el lugar si no estás realmente disfrutando de él. Todas estas respuestas de las que te hablo, no se encuentran en los templos ni detrás de un altar... Todas ellas están en tu interior, acude a él, atrévete a escuchar esa voz dentro de ti, quizás al principio te sientas incomodo, puede ser que hasta sientas miedo de hacerlo porque estás acostumbrado a vivir con miedo y a callar cualquier pensamiento propio porque nos han enseñado que eso es una gran ofensa contra Dios. No permitas que nadie tome tus decisiones pues el único responsable por tu alma eres tú mismo, eres único, eres una chispa divina. ¡Asúmelo!

Cuando te hayas convencido de que Dios es un Dios de amor y que no sólo te ama sino que vive en ti, descubrirás la verdadera belleza de la vida y el efecto que los actos de alguien más puedan tener en tu vida ya no te causaran ningún sentimiento negativo, pudieran causarte tristeza o frustración pasajera, los cuales son sentimientos y reacciones muy humanos, pero no les permitas quedarse dentro de ti para desviar tu camino y consumir tu luz. Busca lo que tú necesitas, no te ates, no te atores, no te desanimes, no te rindas, no temas comenzar tu relación personal con Dios. El camino hacia la verdad empieza con nosotros mismos, cuando comprendemos quiénes somos realmente.

Existe un dicho del Profeta Mahoma que dice: *'La mayor ignorancia para el hombre es la ignorancia en sí mismo. La sabiduría última para el hombre, es conocerse a sí mismo; así pues el que conoce su propia identidad alcanza la sabiduría, y el que no se preocupa de ella está perdido'.*

Libertad significa no pertenecer ni sentirse dueño de nada, no ser esclavo ni esclavizar, tener libre pensamiento y libertad de expresión, aceptar a los demás sin necesidad de ser aceptados, respetar los diferentes puntos de vista sin sacrificar la expresión de nuestras ideas.

Lo que realmente nos lleva a nuestro reencuentro con el Padre es la confianza en nosotros mismos y en que somos parte de ese ser maravilloso y todo poderoso que es Dios. Si de verdad nos atrevemos a creer en que Dios ha dado a nuestras almas todo lo necesario para encontrar nuestro camino de regreso podremos lograr cosas maravillosas. A veces sólo vemos lo que nos han querido mostrar, y sólo queremos oír lo que estamos acostumbrados a escuchar por la misma razón, el miedo de no pertenecer a lo que toda tu vida te ha dicho que perteneces y de no ser lo que te han dicho que eres. No existen preguntas sin respuestas, ni cosas inexplicables, ni dogmas de ninguna especie. Todo en este mundo tiene una respuesta, las cosas sin sentido no existen, nosotros las creamos y decidimos creerlas, nos hacemos ciegos, mudos y sordos a nosotros mismos. Somos nosotros quienes no hemos querido entender. Somos nosotros quienes no hemos querido ir en busca de la verdad. ¡La verdad está justo ahí, después de la explosión! El camino de regreso al padre, es un camino en constante construcción y el constructor eres tú mismo, no puedes basarte en planos ajenos, en procesos determinados, puesto que es la propia experiencia la única capaz de guiarte, tu libre albedrío, tu intuición y tus propias decisiones son las que abren la brecha y te iluminan el camino un paso a la vez. No es fácil, no es rápido, a veces hay que retroceder un poquito para corregir algunas cosas pero siempre con la certeza de que algún día lograremos llegar inevitablemente a la luz, en esta vida o en la otra y ese poder no está en nadie más que en nosotros mismos. ATREVETE A VIVIR EN LBERTAD!!!

Para terminar, un fragmento del *Bhágavad-guitá*. Es un importante texto sagrado del hinduismo, se le considera uno de los clásicos religiosos más importantes del mundo.Significa 'el canto de Bhagaván (Dios, que posee [todas las] opulencias)'.Es parte del texto épico Majábharata (posiblemente del Siglo III a.C. y consta de 700 versos, de autor anónimo:

"¿Por qué te preocupas sin motivo alguno? ¿A quién temes sin razón? ¿Quién te podría matar? El alma no nace, ni muere. Cualquier cosa que pase, pasará por tu bien; lo que esté sucediendo, está sucediendo para bien; lo que vaya a pasar, también sucederá para bien.

No debes lamentarte por el pasado. No debes preocuparte por el futuro. El presente está sucediendo… ¿Qué pérdida te hace llorar? Qué has traído contigo, ¿Qué crees que has perdido?

¿Qué has producido, Qué piensas que se ha destruido? No has dado nada, ustedes no han traído nada consigo, cualquier cosa que posean, la han recibido aquí. Cualquier cosa que hayan tomado, la tomaron de Dios. Lo que sea que hayan dado, se lo han dado a Él. Ustedes llegaron con las manos vacías, y regresarán con las manos vacías.

Cualquier cosa que posean hoy, pertenecía a otra persona el día de ayer y pertenecerá a otra diferente el día de mañana. Erróneamente ustedes han disfrutado de esa idea de pertenencia. Es esta falsa felicidad la causa de sus penas.

El cambio es la ley del universo. Lo que ustedes consideran como muerte, es en realidad la vida. En cualquier momento podrían ser millonarios, y en el siguiente pueden caer en pobreza.

Tuyos y míos, grandes y pequeños… borren esas ideas de su mente. Entonces todo les pertenecerá y todos serán dueños. Ese cuerpo no les pertenece, tampoco ustedes son de ese cuerpo. El cuerpo está formado por fuego, agua, aire, tierra y éter, y retornará en estos elementos. Pero el alma es permanente – así que ¿Quién eres realmente?

Dediquen su ser a Dios. Él es el único que deben confiar. Quienes conocen esta verdad son por siempre libres de temor, preocupación y dolor. Hagas lo que hagas, hazlo dedicado como una ofrenda a Dios. Esto les llevará a experimentar la alegría, la libertad y la vida por siempre". Así Sea.

REFERENCIAS

-Martin Lutero Su vida y su Obra - Federico Fliedner. Editorial Clie.

-Creencias - Jimena Hernandez /Carina Michelli. Editorial kier

-Charles Darwin El Origen de las Especies. Editorial Debate

-Mahatma Gandhi Autobiografía.Arkanobooks

-Wikipedia la enciclopedia libre

-La Biblia Versión Reina Valera